斯坦福 社会创新评论

09

Stanford SOCIAL INNOVATION Review

斯坦福社会创新评论编辑部／著

李凡 等／译

中信出版集团 | 北京

图书在版编目（CIP）数据

斯坦福社会创新评论.9 / 斯坦福社会创新评论编辑部著；李凡等译. -- 北京：中信出版社，2020.5

书名原文：Stanford Social Innovation Review

ISBN 978-7-5217-1717-4

Ⅰ.①斯… Ⅱ.①斯… ②李… Ⅲ.①企业创新－研究 Ⅳ.①F273.1

中国版本图书馆CIP数据核字(2020)第044628号

斯坦福社会创新评论 09

著　　者：斯坦福社会创新评论编辑部

译　　者：李凡　等

出版发行：中信出版集团股份有限公司

（北京市朝阳区惠新东街甲4 号富盛大厦2 座　邮编　100029）

承 印 者：中国电影出版社印刷厂

开　　本：787mm×1092mm 1/16　　印　　张：10.25　　字　　数：130千字

版　　次：2020年5月第1版　　印　　次：2020年5月第1次印刷

广告经营许可证：京朝工商广字第8087号

书　　号：ISBN 978-7-5217-1717-4

定　　价：49.00元

《斯坦福社会创新评论》英文版指导和激励来自世界各地的社会各个部门(非营利组织、企业和政府)的数百万社会变革领袖。通过在线研讨会、会议、杂志、在线文章、播客等,《斯坦福社会创新评论》探讨涉及各类主题的研究、理论和实践,包括人权、影响力投资和非营利组织的商业模式。《斯坦福社会创新评论》由斯坦福大学 PACS 中心出版。

关于斯坦福大学 PACS 中心

《斯坦福社会创新评论》中文版出版方：北京乐平公益基金会

关于北京乐平公益基金会

北京乐平公益基金会（以下简称“乐平”）致力于构建一个包容发展的社会，为真切关心社会发展的人提供解决社会问题的生态环境。乐平将自己定位为社会创新的触媒和社会创新市场的构建者。通过以影响力为导向的综合性投资，乐平支持具有高成长性的新生代社会企业快速发展，并催化具有规模化潜力的社会创新方法，最终产出规模化的社会影响力。通过一系列知识与思想产品，乐平为社会创新构建人才市场和思想市场，基于跨界多元的社群培育一个有利于社会企业家生长的社会创新环境，促进更多社会企业的规模化发展。

扫码入群，有机会获赠下一期《斯坦福社会创新评论》

《斯坦福社会创新评论》中文版学术合作机构：清华大学中国社会创新与现当代史研究中心

清华大学中国社会创新与现当代史研究中心成立于2016年，是清华大学以中国社会创新发展及现当代史、教育为主要研究对象的跨院系研究教育机构，由清华大学人文学院和北京乐平公益基金会作为发起单位共同设立。中心的宗旨是促进中国现当代史，特别是改革开放以来历史的学术研究，以及创新思维和方法在社会发展中的应用，从而为推动社会发展与社会变革提供理论和实践依据。

《斯坦福社会创新评论》中文版出版手记

这个世界会好吗?

20世纪90年代以来,随着历史终结论的轻易被击穿和全球化的席卷,文明冲突、贫富差距、环境挑战、技术变革,似乎在信息时代各种矛盾更加突出。中国在这样的背景下成长为世界第二大经济体,也就面临国内、国际的双重挑战。机会和出路在哪里?

回答这个问题的可以是一种判断和理由,更可以是一种信仰和行动。

2004年,《如何改变世界》出版,作者戴维·伯恩斯坦在书中记录了几十位社会创新变革者(他称为"社会企业家")的工作。这本书很快在包括中国在内的全球二十多个国家翻译出版。这本书为什么如此风行?因为有关社会企业家的工作,我们听说的不多。新闻往往聚焦于问题,而不是解决的方法,尤其是具备巨大勇气开始前期探索的那些人。人们集中看到一批创新的社会问题解决者:他们不漠然,不自设桎梏,相信所处社群的潜力,有不懈的努力和不断生长的创造力;他们创造了面对低收入人群的小额贷款服务并成功规模化,使世界级设计学院的发展方向变为服务所有人群,使健康生态农业扎根全球并形成公平贸易网络,发起了"共益企业运动"使得全球的企业家和投资人重新思考怎样才是"好公司"……当一批这样的社会企业家群像和他们的成就集中展现的时候,世界看到了信仰和行动的力量与新的出路。

2003年,《斯坦福社会创新评论》在斯坦福大学开始出版。所谓"聚精微,成浩瀚",如同《哈佛商业评论》在商业创新中对一线企业领导者战略思维与创新能力的巨大激发一样,《斯坦福社会创新评论》在过去十五年卓有成效地推动了一线社会企业家的思想与行动领导力的发展。社会创新领域大部分的重要实践真知与概念,譬如设计思维、集合影响力、规模化路径等都在《斯坦福社会创新评论》中首次或总结性提出。可以说,这是社会创新领域先行者的知识宝库。历经四十年的改革开放,中国不仅在经济发展上取得举世瞩目的成就,更积累了可观的社会发展潜力。以促进社会和谐与创新为主要使命的各类基金会已达7000余家，以慈善法颁布为标志，慈善信托等新的社会创新资源正源源进入。同时，共益企业等跨界创新力量正萌芽蓄势，新一代社会企业家将和他们的社群支持者共同成为应对各类社会问题挑战的创新先行者。在新形势下，如何高效引进与创造社会创新知识，为新一代社会企业家提供知识资源和分享经验也成为当务之急。

乐平基金会始终致力于通过知识创新、人才与资本市场创新推动社会创新，建设包容发展的社会。2017 年，在多年成功投资、培育中国本土的社会企业和社会企业家的基础上，我们成立了“乐见工作室”，旨在通过研究出版和社交媒体等方面的投入，能更好地把全球社会创新领域的新进展介绍到中国，协助构建中国社会创新的知识体系和跨界创新社群。乐平基金会与《斯坦福社会创新评论》的出版合作是其中的重头，从 2017 年春季刊开始，乐平基金会作为《斯坦福社会创新评论》中文版的出版人，不仅将逐步每季同步出版，同时还将在未来三年出版“斯坦福社会创新评论”精选集系列。我们的中文版不仅有原文译介，更会逐步培养中文作者，更好地与中国的社会创新共同成长。

乐见工作室的出版工程，是一个开放创造的形态，我们只是适逢其会，先行一步。要真正做好这项知识创造与分享工作，更需社会创新领域内外的各位贤达新锐不吝赐教，共同探索前行。期待年年共同有长足进步。

这个世界会好的。

北京乐平公益基金会首席执行官／秘书长

沈东曙

2017 年 7 月于北京朝阳公园

目 录
Contents

观点荟萃

研究速览

新书架

中文版 09 期导言

科技向善，以技术推动社会创新

在一个人工智能型技术飞速发展的年代，科技的进步正在显著改变着我们的生活方式。这一方面提升了社会福祉，另一方面也滋生了社会恐惧。这种恐惧来自两个深邃的哲学命题：一是人性之恶是否会经由技术而放大，如当年原子弹引发的科学伦理反思；二是技术与人的关系是否会发生变化，人类是否可能陷入被自己发明的技术支配的绝境?

社会创新正是解决这两个问题的一剂良药。

科技进步本身并不直接涉及善恶，但人的行为却相反。如何通过人的创新行为引导科技向善，是当今世界一个紧迫的命题。本期的主题是“新科技与社会创新”，其文章之一《AI 向善的机遇与挑战》讨论的是一个细节，从“使命任务驱动型人工智能”的案例出发，AI（人工智能）应用需要担负起解决社会和生态问题的责任，机器学习由此才会成为一种向善的解决方案。

社会创新之于科技向善不仅是一个理论与方法论命题，更是一个实践问题。《中国区块链驱动慈善事业的新模式》是《斯坦福社会创新评论》英文版的封面文章，作者对区块链技术促进中国公益慈善事业发展，特别是在建立社会信任机制上的作用颇为乐观。但正如《斯坦福社会创新评论》（中文版）对之发表的导读所提醒的那样，如果对区块链技术在互联网公益慈善事业中的应用绩效抱有过高期待，或许有缘木求鱼的风险。

本期另一重点讨论的议题是“利益相关者经济”。2019 年夏在美国华盛顿召开的“商业圆桌会议”汇聚了 181 位企业首席执行官，他们在联合签署的《公司宗旨宣言书》中声称：“股东利益不再是最重要目标，首要任务是创造一个更美好的社会。每一个利益相关者都至关重要。”这更改了长期以来社会公认的“股东至上”的商业原则，从而引导全球商业生态进入一种创新模式。这也标志着共益企业正成为一种普遍的价值共识，商业领袖们集体倡导的是所有利益相关者都要在商业活动中受益，这些利益相关者包括七类：客户、股东、员工、合作伙伴、社区与社会、地球和位于所有这些活动的中心且不断做出决策的企业。在这里，尽管商业向善已经成为一个明确的原则，但“利益相关者经济”仍然是一个新鲜概念：当企业的使命、任务和目标被重新定义，如何去做就成了关键。

本期其他一些文章也值得关注。

《循证实践在国际发展援助领域的新思路》虽然将讨论聚焦于国际发展援助领域，但线性思维模式对社会创新或许无意识的伤害却是一个不能小觑的问题。社会创新的知识基础是社会科学，基于经验证据的思维和判断力是社会干预政策成功的基础。

《密苏里模式：应对创伤的系统性变革新视角》的现实意义在于，心理问题已经成为当下严重的社会问题，传统的心理治疗与疏导已呈现出某种路径依赖的局限性，而“创伤知情型”疗法可以成为一种新的创新型工具。

《斯坦福社会创新评论》（中文版）从来不是一本适合坐在幽静书斋里的沙发上阅读的书籍，它的文字适合在咖啡馆、地铁上、飞机场、码头等诸如此类的灵活空间里，在人的行动间歇时刻浏览。它始终指向一种恒定的价值关怀、明确的行动目标、以经验事实为基础的判断力和专业化的操作方案，以及对所有这些知识的分享欲望，这种欲望驱动着每个社会创新者不断努力完善自己和自己所处的社会与社区，并在剧烈变革的环境中引导着这种变革的方向始终向善。

中国区块链驱动慈善事业的新模式[①]

作者：王晓峰
凯文·C. 德索扎

区块链不仅帮助中国社会企业家提高了中国慈善事业的透明度、可信度和筹资水平，还助力了一个更去中心化且自主的慈善部门。

中国的慈善事业蓬勃发展，目前注册的社会组织已经有80多万家，几乎是2011年的两倍。这一增长为公众提供了更多的参与机会。根据《2018年世界捐助指数》，中国已经是世界第三大捐赠国，已经有超过5000万中国人注册成为志愿者。

慈善机构和公众的参与迅速增加，吸引了更多来自富有捐赠者和私营企业的捐款。目前的大部分资金来自企业部门。根据《中国慈善捐助报告》(2017)，2017年中国的慈善捐赠总额为1499.86亿元，占GDP（国内生产总值）的0.18%。其中，企业捐赠价值为963.34亿元人民币，占捐赠总额的64.23%，其次是个人捐赠（占23.28%）。

个人捐赠也持续上涨。哈佛大学罗伊和莱拉·阿什民主治理与创新中心的一份报告显示，2010年至2016年间，中国排名前100位的慈善家的捐款增长了两倍多，达到36亿美元。

---

① 原文选自 *Stanford Social Innovation Review*, Summer 2019 Issue, 原标题为 China' s New Model of Blockchain-Driven Philanthropy。

中国已采取措施促进这一趋势。2016 年 3 月 16 日，全国人民代表大会通过了中国第一部《慈善法》。它通过提供慈善捐助的税收减免，鼓励个人、公司和其他组织提供更多捐助。（中国的亿万富翁人数位居世界第二，中等收入人口位居世界第一。）该法还放宽了对筹款资格的限制，所有依法登记满两年的慈善组织，都可以申请公开募捐资格，让慈善机构有机会直接向公众筹集资金，而不是仅向公司或富有个人筹集。此前，只有少数公募基金会有资格进行公共筹款，而大多数公募基金会都是国有实体的附属机构，这样的规定限制了慈善行业的发展。

《慈善法》鼓励了新的参与者的蓬勃发展。2016 年 8 月，民政部指定 13 家慈善组织互联网募捐信息平台，包括阿里巴巴和腾讯等科技巨头名下的慈善组织。更宽松的政策与移动设备的广泛普及相结合，以前所未有的速度加快了慈善事业的在线筹资。阿里巴巴和腾讯分别将募捐平台整合到了支付宝和微信中，这两款手机应用非常受欢迎，它们都是慈善平台，用户可以向各种各样的慈善机构捐款。例如，由腾讯发起的中国最大慈善活动“99 公益日”，在 2018 年 9 月 7 日至 9 日期间，收到了来自 2800 万用户的 8.3 亿元人民币捐款。

中国科技巨头们充分利用拥有数亿用户的中国丰富的数字生态系统，发明了向慈善机构捐款的新方式。个人可以将他们的各种活动转化为捐赠资金或商品，企业或组织会将其提供给各种事业和组织。例如，腾讯与“慈善星期二”合作，发起了一项全球倡议，呼吁微信用户在 2017 年 11 月 23 日至 28 日期间捐赠至少 1000 步（靠用户的移动设备计数），以帮助患有白血病的儿童。共有 500 万名参与者捐赠了 668 亿步，这些捐赠折合成了 440 万元人民币，由顺丰快递赞助。

然而，尽管中国慈善事业取得了长足的发展和成功，仍面临许多持续挑战。其中最严重的挑战是缺乏透明度。根据2018年中基透明指数，接受调查的4960家中国基金会的平均得分仅为33.5分（满分为100分），大多数基金会的得分不及格。调查还发现，透明度是大多数捐助者最关心的问题。此外，几起备受瞩目的丑闻使得公众对中国慈善事业的信任度下降。例如，2011年，声称是中国红十字会某分支机构工作人员的社交名流郭美美因炫富而受到了广泛谴责，导致中国红十字会收到的捐款持续数年下降，她后来也因非法经营赌场而被捕。此外，未曾出现负面新闻的慈善机构也出现了衰落。最近，随着互联网慈善事业的发展，许多众筹欺诈和草根组织从慈善活动中牟取暴利的事件也被曝光。

这个领域也受到制度限制。尽管新的《慈善法》已经出台，小型慈善组织仍然面临难以获得筹款资格的阻碍。因为一些草根组织名声不好，所以监管机构怀疑小组织是否有能力承担这一责任，不愿向其发放筹款资格的许可。由于法律对慈善组织的定义有些含糊，监管机构有权拒绝承认其资格。加之其执行新法律经验有限，监管机构往往持谨慎态度。因此，没有优惠资格的私人基金会和社会组织仍然远远多于公募基金会。许多小型草根组织无法开展依赖公共筹款的项目。

这些问题早就应该解决了。幸运的是，中国的慈善家和企业家已经开始寻找解决方案，并通过使用加密货币比特币的基础区块链技术，为该行业建立了一个值得信赖的框架，为小型组织提供了平等的发展机会，并已取得了一些成功。区块链并不难理解：由存储在公共数据库中的数字信息或记录的“区块”连接而成。当数字记录被创建时，分布式计算机网络将对其进行确认，并将它们与链中的先前条目配对。由于这个分布式网络保留了区块链，所以没有人能够控制它，并且它还是故障安全的。[故障安全是指即使发生了某种故障，也不会对人员或其他设备造成伤害（或者将伤害最小化）。]

区块链能够从三个方面推动中国慈善事业的改革。首先，它的分类账目使公众能够监测捐款情况，从而鼓励透明和有效的捐款。其次，较小的草根组织可以利用其分散、开放的平台，公开筹集资金，独立开展项目，否则这些项目是不可能完成的。最后，一个由区块链驱动的、透明的、有活力的社区组织构成的慈善部门将在解决社会问题方面发挥更大的作用，例如贫困问题和医疗费用不断上涨等问题，不受企业和政府的影响，从而激发公众的信心。

更大的信任

科技公司已经尝试了区块链技术，并取得了显著的成功。阿里巴巴旗下的金融科技子公司蚂蚁金服集团是将区块链应用于公益事业的先驱。2016 年，它与中国社会救助基金会合作，利用区块链技术进行了一项小型试验，为 10 名听力障碍儿童筹集资金，很快便从 5 万名捐助者那里筹集了 198400 元人民币。这次成功的试验激发了蚂蚁金服将区块链整合到蚂蚁金服公益平台中，平台上的慈善组织利用支付宝系统筹集资金。

区块链使得每一笔捐赠都是透明、不变和可追踪的，所以捐赠者可以监视他们的资金何时何地被转移和使用。慈善机构，尤其是那些受到丑闻打击、需要重新赢得公众信任的慈善机构，欢迎蚂蚁金服要求提高透明度的呼吁。

区块链有助于赢得公众对包括慈善捐款在内的交易的信任。一旦有了信任，资金就

会流入。

中国红十字会（CRCF）是国际红十字会的一个分支机构，也是第一批受蚂蚁金服之邀，为患有再生障碍性贫血的儿童进行基于区块链募捐项目的慈善机构之一。由于郭美美丑闻，它做出了各种努力来恢复公信力，包括披露运营信息和财务报表、加强社交媒体上的公共互动，以及聘请公共关系专家来改善其在微博上的品牌形象。但这些尝试收效甚微。公众对慈善组织自行发布或政府批准的透明度宣传信任不够，传统的财务报表对普通公众来说过于复杂，无法使捐助者追踪其捐款情况并评估其资助的具体项目的费用。

相比之下，由区块链驱动的透明度在恢复捐助者对捐款去向的信心方面被证明是成功的。举例来说，蚂蚁金服公益平台的用户可以通过支付宝看到他们资金的全部流动，支付宝拥有5.52亿中国用户，他们用支付宝为日常生活的各个方面进行支付。通过区块链，蚂蚁金服公益平台用户可以自动、实时地获得所有交易的细节，并且知道任何交易都不能被修改或删除。他们可以亲眼看到自己的钱是在哪里使用、被如何使用的。捐赠者、慈善机构和受益人之间可能存在的任何信息不对称都将被消除。蚂蚁金服公益平台用户还可以全面获取最新项目信息和筹资进展，包括捐助者的数量和捐款数额。每笔捐款都直接与一个特定的收款人联系起来，而不是与一组受益人联系起来，捐款人还在受益人收到钱时得到一个时间戳。由于支付宝系统会核实收款人的身份，所以每笔捐款都是交给一个真正的受益人，而不是一个假的受益人。归根结底，用户不需要了解区块链是如何工作的就可以将其视为可信任的，区块链的透明度使他们能够看到自己的捐款落入需要的人手中。

数据显示，更高的透明度可以让更多的人参与慈善活动。蚂蚁金服2017年运营报告显示，自2017年3月蚂蚁金服完全采用区块链技术以来，1.9亿中国人在9个月内向799个区块链支持项目捐赠了3.39亿元人民币。这一趋势反过来又使公众在慈善事业中有了更大的发言权，竞争性的筹资市场逐渐取代了由国家主导的赠款制度。如今，即使是国有慈善组织，也依赖区块链驱动的慈善平台向公众筹集资金。

在这一过程中，重要的不是这些平台筹集了多少资金，而是有多少人或小额捐助者将他们的捐款委托给它们。

慈善机构把这些信任票作为可信的记录，用来说服占中国慈善捐款最大份额的企业捐赠者。例如，中国红十字会现在只需要一周时间就能完成一个筹资目标为20万元人民币的常规项目，而这是它在自己的网站上做不到的。100多家具有公开筹款资格的慈善机构跟随中国红十字会，加入了蚂蚁金服公益平台。因为没有公众的捐款，它们就无法蓬勃发展；没有区块链平台所提供的公众信任，就没法确保获得这么多的公众捐款。

更大的自主权

区块链不仅让社会企业家提高了透明度，而且还帮助小型社会组织成长，使其更加自主。轻松筹是民政部首批认可的13家公开募捐平台之一，拥有5.5亿用户，是中国最大的区块链式医疗捐赠平台，面向那些身患重病却无力支付医疗费用的人群。值得注意的是，它既促进了慈善机构的在线筹资活动，也使个人用户能够在线筹资。在过去的3年里，它为160万家庭筹集了200多亿元人民币的医疗费用。

2017年，《公益时报》将轻松筹评选为年度慈善企业，理由是其将区块链整合到众筹平台中，以促进可追踪、透明和所有参与者可以实时监测的点对点交易。为了推广区块链，轻松筹试图让普通用户更容易访问。例如，它曾经使用哈希代码（一个十六进制文件）来帮助用户理解区块链中记录的内容。捐赠资金时，捐赠者会被自动分配一个代码，来跟踪公有区块链网络 Sunlight Chain 上的记录。技术人员还试图使用波动曲线来直观地显示捐赠发生时信息是如何添加到区块链中的。该曲线跟踪在特定时间收到的捐款数额。但他们最终发现，大多数用户不理解散列代码和移动曲线，因此他们用绑定到区块链数据库的实时报价器替换它们，以更新实时捐款。

轻松筹联合创始人兼首席技术官李汐表示："由于区块链是一种抽象的底层技术，不是一种可视化产品，我们必须将其转化为一种视觉上有吸引力且易于访问的形式。""捐助者越理解区块链，就越信任它。"

轻松筹正在利用区块链创建一个具有更大自主权、去中心化的社会组织社区。此前，许多中国社会组织由于没有公开募捐资格而衰落。根据现行规定，它们只能通过与具有公开募捐资格的基金会合作，才能在网上为自己的项目筹集资金，并需要为此放弃一部分对项目的控制权。为了解决这一问题，李汐和他的团队将特许经营模式融入慈善实践中。作为特许经营商，轻松筹将其数字筹款平台免费授权给特许经营商，比如一个小型社会组织。加盟商平台的布局和功能与轻松筹平台相似，在阳光链网上占有一个节点。通过这种方式，加盟商可以独立开展公众募捐活动，并通过在微信上的订阅账户中添加该活动来增加其风险敞口。

在这种新的模式下，轻松筹的品牌和区块链技术帮助小组织提高了可信度和影响力；

作为回报，这些组织必须效仿轻松筹致力于透明和负责任的慈善活动。虽然草根组织可以独立发起筹款活动，但它们无法获得捐款，受益人只能通过点对点交易获得捐款。

怀化志愿者协会是与轻松筹合作的社会组织之一。怀化是湘西一个多山的农村地区，贫困、健康问题严重。继中央政府承诺到2020年消除农村贫困之后，怀化市地方政府也将扶贫工作列为优先事项，并欢迎轻松筹和怀化志愿者协会开展由区块链驱动的慈善活动。在当地卫生局的支持下，轻松筹和怀化志愿者协会一起，与怀化第二人民医院、怀化大学法学院及公共行政学院合作，发起了一场名为“微爱互助”的募捐活动，旨在解决由疾病或自然灾害造成的贫困问题。在医疗保健方面需要帮助的个人可以在微爱平台上申请捐款，该平台与阳光链网络相关联。微爱募集的资金是以透明的方式处理的，这有助于怀化志愿者协会避免曾经玷污许多草根组织声誉的腐败嫌疑。自2018年7月采用区块链平台以来，微爱在三个月内已向60000多人筹集了200多万元人民币，并在其平台的主页上更新捐款统计数据。

“采用区块链平台不仅确保了问责制和透明度，还使我们第一次能够独立进行公共筹资。”怀化志愿者协会执行会长杨晓军表示。他在这家草根组织工作了10年。“这样做让我们学会了如何独立运作项目。区块链技术有可能将像我们这样的草根组织从一个辅助参与者转变为该领域的领先参与者。”

微爱的成功表明，区块链平台可以帮助中国欠发达地区融入更大的经济体系。新兴技术在中国农村的渗透率远低于大都市地区，因此大多数农村居民对区块链技术一无所知。为支持微爱的努力，志愿者在当地医院建立了互助网站，以提高公众意识，并帮助寻求经济援助的患者在平台上提出筹资请求。在帮助筹集资金之后，志愿者们会跟踪病人，以获得反馈，了解他们如何使用捐款，并在平台上发布他们的反馈。志愿者还利用他们广泛的本地联系进行后台调查，并确保添加到区块链中的信息是准确的。由于农村地区的数字化程度低，许多居民几乎没有电子财务或医疗记录，因此，志愿人员的尽职调查对于避免筹资欺诈和维护公众信心至关重要。

鉴于目前取得的成功，轻松筹和杨晓军的团队正在考虑将微爱模式推广到湖南省其他面临疾病问题的贫困地区。如果他们的尝试获得成功，将进一步示范由区块链驱动的慈善做法如何通过挖掘社区社会组织的潜力来改善地方一级的公共福利。微爱的模式在科技部门、公共部门和地方社会组织之间建立了良性的伙伴关系。这些试验的成功反过来又增加了慈善部门的影响力和可信度。

更大程度的一体化

虽然区块链驱动的创新在中国已经产生了巨大的影响，但这项技术更多鼓舞人心的应用仍值得期待。

正如我们所看到的，基于区块链的慈善实践面临的一个主要挑战是信息的可信度。由于缺少电子财务和个人记录，捐款接受者将相关信息手工添加到区块链平台。这一进程助长了许多筹资欺诈案件，损害了公众的信心。为了缓解这些担忧，慈善机构必须进行彻底的背景调查，以核实来自多个部门的信息，这些信息包括医疗保健、住房、银行存款和社会保险。这种尽职调查可能会耗费大量时间和金钱。由于非政府慈善机构无法查阅政府信息资源，因此它们必须依靠工作人员核实募捐者的财务和医疗记录。更糟糕的是，不是每个慈善机构都能负担得起一个团队来做这项工作。对于准政府组织来说，尽管它们拥有行政权力，但仍然无权查询所有相关信息，如财产记录。鉴于这些问题，慈善机构希望区块链等新兴技术最终能使人们更容易、更有效地获取审查筹资申请所需的信息。

“要让区块链更好地服务于公众的需求，需要该行业内外的大量数据。”在线互助平台众托帮的 CEO（首席执行官）乔克表示，“如果医疗和财务记录等信息能够以加密形式添加到区块链中，并由慈善机构访问，将提高筹资效率。”众托帮正在利用区块链创建一个数据库心链，帮助企业和个人捐赠者根据自己的慈善活动建立数字记录。

一个开始试验的好方法是设法在政府和慈善机构之间分享已登记贫困家庭的数据，因为许多慈善财政资助对象属于农村地区的已登记贫困家庭。在国家扶贫运动中，一些地方政府已经利用区块链技术建立穷人数据库，这可以促进各部门之间的数据交换。例如，领先的区块链服务提供商 Ziggurat 正在为陕西省扶贫办公室开发一个基于区块链的数据库，以记录贫困家庭的财务状况，包括其交易历史和详细的资产记录。

让慈善机构获得它们需要的数据需要跨部门的合作，但是由于对安全和隐私的担忧，特别是考虑到猖獗的电信诈骗、身份盗窃和伪造卡，慈善部门内外很少进行电子信息共享。这些罪行绝大部分都是个人资料的泄露和盗窃。例如，2017 年，中国警方成功追踪了 500 多亿条被盗个人信息，在全国范围内抓获了 4800 多名嫌疑人。据公安部称，个人信息的泄露和盗窃主要来自公司和公共机构的雇员。于 2017 年生效的中国《网络安全法》要求所有与个人身份相关的信息都必须保密。

区块链可以帮助解决这些问题。它确保在没有中间人的情况下点对点地交换信息。

智能合同可以管理何时以及如何共享数据，它是一种自动执行的计算机代码，在区块链的顶端根据合约规定运行一组预定义的规则。在慈善部门，当慈善机构请求访问私人数据时，必须先确认和处理智能合同，然后才能通过区块链在提供方和接收方之间直接共享记录。此外，可以对这些数据传输进行安全加密。例如，Ziggurat 正在开发一个基于区块链的平台，用于税务局和工商局之间使用加密的数据共享。

如果区块链成功促进了慈善部门内外的数据共享，它将带来更大的连通性和更高的规模效率，这是大型集中运营商以前必须做到的。随着更多的参与者同意通过基于区块链的平台共享数据，一个良性的生态系统将得到发展。慈善机构将能够整合其他部门的信息，如住房、医疗保健、银行、社会保险和政府，慈善部门将实现更大的透明度、有效性和信任。政府监管者也将欢迎这种新的做法，因为这不仅可以减少他们的工作量，而且可以使他们能够更好地监督慈善部门，并更容易地查明违规行为和潜在的腐败行为。

解决保健费用问题

企业家还可以将区块链应用于其他紧迫的社会问题，如飙升的医疗保健成本。虽然中国 95% 的人口享受国有医疗保险，但由于各种原因，重症或慢性病患者的医疗费用可能很高。首先，中国有三大医疗支出来源：地方政府补贴、国有保险和自费。费用的实际承付范围因区域而异。由于地区间的不平衡，生活在欠发达地区的人从地方政府获得的补贴通常较少，因此他们必须支付比生活在富裕城市的人更大比例的医疗费用。其次，医院和地方卫生局对报销进行了限制，以防止医疗资源的滥用和欺诈。因此，在实践中，报销费用的范围低于理论上的报销额度。最后，保险范围没有扩大到许多基本医疗服务和药品。例如，治疗高血压和糖尿病的不少门诊药物是不报销的。

由于这些原因，重病会导致公民医疗费用的急剧上升。以癌症为例：患者和他们的家人，甚至中产家庭，都因为高昂的放疗、化疗和抗癌药物的价格而难以支付治疗费用，这些药物大部分都是昂贵的进口产品，而国家医疗保险并不将其包括在内。2018 年上映的电影《我不是药神》讲述了一个商人从印度走私癌症药物到中国的真实故事，该片的票房成绩奇高。这部电影引起了观众的共鸣，他们担心医疗费用和因病致贫的可能性。

为了解决这些关切，政府采取了重大措施。2007 年至 2017 年间，中国个人自付医疗费用的比例从 45.2% 下降到 28.8%。为进一步减轻个人负担，李克强总理在 2019 年政府工作报告中称，降低并统一大病保险起付线，报销比例由 50% 提高到 60%，进一步减轻大病患者、困难群众医疗负担。但是，根据国务院关于财政卫生经费分配和使用的报告，在个人自费支出比重下降的同时，随着人口老龄化和医疗费用上涨，一些地区的医疗保险基金赤字也越来越大。中国公民清楚地意识到公共保险覆盖面的差距，以及他们在医疗费用飙升时得不到充分保护所面临的风险。因此，许多中国人需要灵活和负担得起的医疗保险计划来补充自己的国家医疗保险。

为了满足这些需求，轻松筹开发了一个基于区块链的互助平台。其中一个项目有助于防止 18 至 50 岁的癌症患者或 29 种其他严重疾病患者因医疗账单而倾家荡产（年龄在 50 至 65 岁之间的人有资格参加其他项目）。该项目一次性会员费仅为 10 元。参加者必须在参加该计划时身体状况良好，并且必须根据年龄通过 180 天或 360 天的观察期。试观察结束后，患有该项目所涵盖的严重疾病之一并通过轻松筹和第三方机构背景调查的会员，最多可获得 30 万元人民币的医疗费补贴。申请人须提供收据正本、诊断证明书及其他有关病历，才可获得经济援助。评估的依据是申请人的资格、病情严重程度和医疗费用。由于有 6000 万用户，该项目的所有成员分担费用，通常每人不超过 1 元人民币。参与者定期收到关于他们的钱去了哪里、谁在使用它以及为什么使用它的信息。如果没有人申请经济支持，则会员费将继续保留在用户的账户中，其覆盖范围将一直有效，直到余额降至 3 元人民币以下。然后，用户可以重新填充账户以保留在程序中，也可以退出。到目前为止，已有 1318 名用户得到了该方案的资金支持。

新模式

中国区块链慈善事业的发展远远不止于发展该行业和确保其透明度与问责制。它创造了一个全新的慈善捐赠模式，是真正以社区为基础的。与“局外人”经营的慈善事业不同，这一新慈善事业鼓励会员直接合作，利用社区资源解决共同的问题，提高生活质量。

“社区慈善可以通过区块链技术来建立。”乔克说，“这项计划不是依赖外界的支持和资源，而是强调社区成员互相协助的重要性。这种分散的自治机制反映了中国慈善事业的未来。”

与传统的中国慈善不同，基于区块链的慈善是通过参与者之间的相互同意来管理的。这项新技术建立了一个共识机制，使慈善机构在没有中央管理机构的情况下开展慈善活动。通过参与以区块链为基础的慈善活动，参与者认识到想要发展壮大，他们必须依靠公众支持和社会资源，而不是政府官员的认可。

基于区块链的慈善事业也在扩大该行业在中国社会中的作用。通过促进慈善行业内外的协作和整合，区块链正在将慈善变成一个战略召集人，将包括慈善机构、企业、政府机构和监管机构在内的多个行为体聚集在一起，以更具建设性、透明度和效率的方式，为共同利益而努力。

虽然区块链给慈善界带来了许多这样的好处，但它仍然是新的和实验性的，并面临着许多障碍。慈善事业依赖的不仅仅是透明的捐款流动，人的参与也发挥着不可低估的重要作用。区块链改善了问责制，但仍有必要进行监督，以监测记录在平台上的人员和数据。中国和世界在充分发挥区块链技术在推动慈善事业的潜力方面，还有很长的路要走。

王晓峰（Xiaofeng Wang）

北京（报道）商业和技术领域记者。在富布赖特奖学金项目下，她曾在亚利桑那州立大学和新美国大学担任休伯特·汉弗莱研究员。

凯文·C. 德索扎（Kevin C. Desouza）

昆士兰大学商学院管理学院的商业、技术和战略教授，布鲁金斯学会政府研究项目客座高级研究员，上海交通大学中国城市治理研究所杰出研究员。

点评

区块链对慈善事业的效用还需要再观察

作者：黎宇琳

《斯坦福社会创新评论》近期刊发了一篇题为《中国区块链驱动慈善事业的新模式》的封面文章，文章作者认为：中国的慈善家和企业家通过使用加密货币比特币的基础区块链技术，为该行业建立了一个值得信赖的框架，为小型组织提供了平等的发展机会，从而取得了一些成功。

作者将区块链技术的应用置于“中国公益慈善事业信任缺失、中小型组织筹资困难”的问题意识之下，认为区块链技术是一剂对症的良药，有可能为整个行业带来更大的信任、更大的自主权、更大程度的一体化，并激发慈善新模式的涌现。

看上去，作者对区块链的效用有着一种几乎毫无保留的乐观，对此，我是抱有怀疑态度的。中国公益慈善事业的历史欠账很多、情况复杂，区块链的应用到底能起多大的作用，能不能真正地起到作用，需要更长的时间来观察。

最近两年，中国互联网公司开始尝试将区块链技术应用于公益慈善事业，尽管这项技术目前只在个别项目中应用，并且带有一定程度的测试性质，仍然令不少行业观察者、研究者感到兴奋。他们认为，区块链技术会为慈善事业带来强大的变革动力，并最终重塑整个行业连接方式。

清华学者王名就是区块链的大粉丝。他在2018年出版的《中国非营利评论》上发表题为《公益4.0：中国公益慈善的区块链时代》的论文，认为“区块链技术将推动我国公益慈善进入新时代，将带来公益模式的创新，由政府背书慈善组织的公益 1.0 阶段、企业支持慈善组织的公益 2.0阶段、互联网慈善的公益 3.0 阶段会向区块链慈善的公益 4.0 阶段发展。”

这篇论文提出了一个行业猜想：“区块链的去中心化将带来慈善模式中的‘去慈善组织化’，使得慈善组织不再扮演资产流转中介的角色。”它还更进一步指出：“区块链技术本身不是变革，其背后代表的透明、协作、分享的模式和精神才是变革，透明、协作和分享的模式是区块链思维的核心。”

这样的行业变局诚然是有可能实现的，但其他的可能性也同样存在，至少就目前区块链技术在公益慈善事业的应用来说，我们还看不到区块链技术“一统江湖”的迹象。相反，就我所了解到的情况，区块链技术应用于公益慈善事业目前存在着很大的局限，全面推广遥遥无期。

区块链作为一种不可篡改的“公共记账本”，对简单的点对点资助型项目是比较有优势的，但对诸如环境保护等复杂项目的作用就非常有限了。《中国区块链驱动慈善事业的新模式》一文中提到蚂蚁金服的案例，据我了解，蚂蚁金服对区块链的应用主要在其“顶梁柱”项目上，这是一个为农村家庭中的主要劳动力提供保障的、典型的点对点资助型项目。

同时，区块链技术虽然能追踪资金的流转，但无法评估一个项目是否有效，尽管能大幅提升透明度，却对复杂项目的信任建立没有太大帮助。

一个更重要的问题是，在未来，我们究竟应该如何定位公益慈善组织？

如果公益慈善组织只是被定位为善款的搬运工，或者项目的执行者，是“手脚”而非“大脑”，那区块链技术的应用很可能会对行业分工产生巨大的改变。但如果一家公益慈善组织被定位为社会问题解决方案的设计者，那区块链就顶多是他们在解决问题过程中所使用的众多工具中的一种而已。

黎宇琳

自媒体“公益资本论”创办人。

AI 向善的机遇与挑战①

作者：吉迪恩·罗森布拉特
阿比沙克·古普塔
译者：张亦蕾

人工智能领域的最新突破为非营利组织带来了利好消息。

对自杀预防来说，每一分钟的响应时间都至关重要。为此，纽约市著名的非营利组织“危机短信热线”（Crisis Text Line）的技术团队分析了大约6500万条短信，从统计学的角度来判断哪些词与高自杀风险相关。分析结果令团队惊讶。例如，在短信中使用“EMS”（emergency medical service）这个词，其所预示的自杀风险比“自杀”这个词要高出5倍之多。通过使用这种分析，团队可以像医院急诊科的分诊系统一样，更好地对收到的消息进行优先级排序。如今，该组织能够在5分钟之内对94%的存在高自杀风险的短信发信人做出回应。

如果没有某种形式的自动化分析，如此规模的分析工作显然是难以进行的。这只是“使命驱动型人工智能”的一个例子——以负责任的方式运用人工智能，从而应对社会挑战和生态挑战。使命驱动型人工智能有时也被叫作“AI 向善”，是指运用机器学习来为非

---

① 原文选自 *Stanford Social Innovation Review*, Jun. 11, 2018 Issue，原标题为 Artificial Intelligence as a Force for Good。

营利组织、非政府组织和社会企业等服务，从而提升运营效率、改善项目质量。

确切地说，AI 是一个广义的术语，描述了机器获得与人一样不断进化的执行任务的能力。机器学习是 AI 的一个具体方法，指将统计技术应用于数据，训练计算机去执行任务，且无须再由人工对规则进行具体编程。“深度学习”是机器学习的一种，它模仿大脑处理数据的方式，搭建多个处理层来处理数据。在本文中，我们有意于将 AI 放在更广的维度中讨论。尽管如此，机器学习确实占据了 AI 研究和开发的绝大部分内容，因此我们在谈到运用了这个技术的特定项目时也会使用机器学习这个术语。

使用 AI 来驱动向善的力量可以增强社会变革部门的能力。具体来说，它有可能降低成本、提高质量，扩大社会变革组织的影响力。想想看，把这些组织从一辆大众甲壳虫变成一艘航空母舰，会是怎样的效果。

第一步

在机器学习领域，我们正在经历着像寒武纪那样的爆炸式发展时代：算法已经可以击败围棋世界冠军、驾驶汽车、通过智能手机摄像头进行实时翻译，以及简化已高度优化的商业流程——例如将谷歌数据中心的冷却费减少 40%。

这些创新也将改变非营利部门。我们预测，非营利组织将最先采用 AI 来进行组织能力建设——通过加强筹款、营销和行政管理等方面的技能，以及优化流程和资源配置，来提高机构的有效性和可持续性。非营利机构对能力建设的需求通常是相似的。通过些许调整，一个关于筹款、会计或传播的解决方案通常就可以满足多个组织的需求。因此，对能力建设的技术投入可以很快地在非营利部门中得到推广，这是我们希望通过机器学习解决方案来实现的。

许多非营利组织已经使用 Salesforce 和 Blackbaud 关系管理数据库服务来管理筹款业务了。这些服务现在已经开始整合机器学习功能，这意味着这些组织将很快能够使用数据驱动的模型来预测捐赠者的行为，更加准确地预测年终筹资额和其他财务目标。会计软件包 QuickBooks 是另一款非营利组织常用的工具，目前也增加了机器学习功能，特别是那些可以对费用和其他会计数据进行自动分类的功能。这样，机器学习就会成为已经熟知工具里的一个新功能，在这种情况下使用机器学习的障碍将相对较低。

机器客服在非营利领域的应用

所有巨头科技公司都开发了机器客服，越来越频繁地使用 AI 来回答基于文本的问询，并将代码开放给其他软件开发人员。通过对话式地回应信息需求，回复简单问题，机器客服可以帮助组织提高响应能力，这有点像一种全自动的常见问题问答（FAQs）。现在，企业客服部门也越来越多地在部署机器客服。对非营利组织来说，机器客服将在处理小额捐赠和其他常规互动操作方面发挥重要作用。

机器客服还能开发出更具创新性的应用。2016 年，非政府组织慈善机构“水”（Water）通过机器客服模拟了与虚构埃塞俄比亚女孩“Yeshi”的对话，以提高人们对获取干净水的认知。各组织也在尝试把机器客服用于研究目的，例如就食品价格和食品安全状况对尼日利亚和海地民众进行访谈。

大规模应用的四个障碍

对于非营利组织和社会企业来说，虽然机器学习的下一个阶段将会放缓，但它的影响将是革命性的，因为机器学习可以使组织更加聪明地工作，并且降低工作成本。

但在改变发生之前，这个领域还需克服四个障碍。首先是资金。如果非营利组织想从 AI 中获取超越普通能力建设的成果，那么它们就需要量身定制的、与项目相关的机器学习应用。每一个组织将单独承担这些具体产品的大部分开发费用。在资助人眼中，这增加了新技术投资的风险。

第二个障碍是机器学习系统开发的复杂性。然而，这个问题可能在机器学习的过程中自我解决。几年前，这些技术还需要多年经验。而今天，来自谷歌、亚马逊和微软等公司的新软件开发平台已经可以对构建机器学习系统的过程进行自动化，从而降低了门槛，极大增加了可为非营利组织开发软件的人员数量。有了更简单的工具和更充足的开发人员资源，开发成本就会下降。

第三个障碍涉及对大规模、高质量和结构化数据集的需求，这是构建机器学习系统所必需的。诸如 Salesforce 和 Intuit（QuickBooks 的开发者）这一类的公司能够调用海量客户数据，为许多能力建设应用程序解决这一难题。但是，当涉及与具体项目相关的应用程序时，很少有非营利组织能拥有足够多的数据用于训练机器学习系统。即使有些组织确实收集到了数据，这些数据的结构格式通常也无法满足机器学习应用程序的要求。

有一种解决办法可能存在于更大的、策划更好的政府和第三方数据集中。例如，森林监测项目全球森林观察（Global Forest Watch）和非营利技术组织雨林链接（Rainforest

机器学习算法可帮助找出考生成功考取大学的因素（照片由 College Forward 提供）

Connection）使用机器学习来识别导致刚果和亚马孙地区森林流失的因素；可持续渔业计划全球渔业观察（Global Fishing Watch）分析了渔船发出的约 220 亿条短信，用于揭发非法工业渔船。要想更好地利用外部数据资源，这些组织还可以使用 Tableau 和 Alteryx 等数据分析系统。

另一个可供非营利组织选择的办法是数据共享。College Forward 是一个高科技的大学导师项目，它正在训练 Salesforce 的机器学习能力，以自动预测哪些学生最有可能辍学。该组织已将此技术授权给全美其他 40 个类似的大学学业管理项目，影响了约 30 万名学生。首席执行官奥斯丁 · 布钦（Austin Buchin）指出，他们的计划是帮助这些合作伙伴项目能最终通过数据共享协议来进行数据汇总，如果他们这样做，“预测质量将获得飞升”。

最后一个障碍是低价、易获取的计算基础架构。用以推动机器学习的复杂计算模型和海量数据集给计算基础架构带来了沉重负担。幸运的是，亚马逊、NVIDIA（英伟达）、谷歌和微软都开发了云计算服务。这四家公司都有针对非营利组织的服务程序，我们希望它们都能很快将其机器学习功能加入这些程序中。

AI 向善的未来

展望未来，非营利组织最终能够整合通过机器学习所获得的有用信息，并将其自动应用到各个项目当中。

一些熟谙技术的非营利组织已经起步了。由微软联合创始人保罗 · 艾伦资助的 Skylight 项目利用卫星、船只记录、渔业法规和其他数据，使各国能够识别可疑的捕捞活动，并实时协调各国之间的应对措施。同样，雨林链接建立了一个偷猎和森林砍伐的监测系统，监视置放在雨林里的音频记录设备。该网络与一个用于捕获偷猎者和非法伐木者的实时警报系统绑定在一起。

当然，这些例子都不算是主流现象。大多数非营利组织并不拥有经过培训的工程师和数据科学家。尽管如此，我们相信许多非营利组织将会采用技术解决方案来提升能力和优化流程。对社会企业家和技术人员来说，巨大的机会已经摆在眼前。我们希望社会变革部门能更全面地拥抱机器学习，以此作为提升其工作效率、筹款以及扩大影响力的一种方式。

吉迪恩 · 罗森布拉特（Gideon Rosenblatt）

《重大前沿》（*Vital Edge*）的撰稿人，写作方向是技术、工作与人类之间的关系，曾担任 Groundwire 技术能力建设公司的执行董事，此前曾在微软管理营销和产品开发团队。

阿比沙克 · 古普塔（Abhishek Gupta）

蒙特利尔人工智能伦理研究所（Montreal AI Ethics Institute）创始人，加拿大麦吉尔大学（McGill University）和第三区（District 3）人工智能伦理研究员。其工作侧重于技术和政策方法，以确保人工智能的道德、安全和包容性发展，同时为该地区 AI 与道德社区建设公民参与这些对话的能力。

用 3D 打印解决住房问题[①]

作者：科里 · 宾斯
译者：江璐

美国非营利组织“新故事”使用 3D 打印技术以低廉、高效的方式建造房屋。科技是否能给无家可归问题画上句号？

在中美洲萨尔瓦多的阿瓦查潘市，埃文 · 希门尼斯满面笑容地带着“新故事”的首席执行官布雷特 · 哈格勒（Brett Hagler）参观自己的新居。尽管肾衰竭让这个年仅 31 岁的小伙子活力不再，但至少他在做完透析治疗后，不用再回到那个老鼠猖獗的漏雨小屋里。“过去由于住处简陋，我的心情更加抑郁和悲伤。”

由哈格勒创办的非营利组织新故事，不仅为希门尼斯建造了新居，还在他家后院建了一个无菌的私人诊所，供他日常透析使用。此外，希门尼斯还能在家里为新故事在社区内建造的其他新房制作蓝白色门牌，从而补贴家用。

新故事相信能够通过科技终结无家可归的现象。自 2014 年创立以来，哈格勒和他的团队已经筹资在萨尔瓦多、海地、玻利维亚以及墨西哥建造了 1600 间房屋。新故事的目标是在成立十周年之际打造 1000 个社区，每个社区至少能容纳 100 个家庭。他们于 2019

---

① 原文选自 *Stanford Social Innovation Review*,Summer 2019 Issue，原标题为 A Click-to-Print Solution to Housing。

埃文 · 希门尼斯在新故事组织为其在萨尔瓦多阿瓦查潘建造的新居前展露笑颜

年夏天动工建造第一个3D打印社区。

“稳定的住所带给人们的不仅仅是一个栖身之所，”新故事的投资者之一DRK基金会（Draper Richard Kaplan Foundation）的投资合伙人克里斯蒂 · 陈（Christy Chin）这样说道，“你如果知道晚上该去哪里睡觉，会睡得更加安稳，身体也会更加健康。”美国无家可归者全民保健委员会发布的一份报告证实了她的观点。该报告发现，无家可归者饱受各种由睡眠中断导致的慢性疾病之苦。“而且你的学习工作也会变得更加容易，你的家庭也会更加稳固。”陈继续说道，“新故事之所以能够如此成功，是因为它认识到了需要重点解决住房问题，并将其作为实现减贫的核心手段。令人惊讶的是，之前很少有人认识到住房问题的重要性。”

应用数字软件

新故事正在试图通过诸多定制软件解决住房危机，包括3D房屋打印机、参与式设计以及与伙伴组织共享数据。在购买一块土地前，新故事会与当地政府、非营利组织以及房屋入住者开展合作。

新故事联合创始人亚历山大 · 拉夫齐（Alexandria Lafci）表示：“让当地社区参与住房设计的做法根本算不上激进。但不幸的是事实就是如此，人们不会征询极端贫困家庭的意见，更不会把他们的想法融入社区的最终住房成品之中。”而新故事完全依靠当地劳动力和建筑材料，以期提振当地经济。

技术的广泛运用能够帮助改善贫困人口的福祉，但是技术往往距离其最大的受益群体太过遥远。拉夫齐解释说：“与其等待市场力量或是红利将技术带给非营利组织或直接交到人们手上，我们更加相信有社会影响力的组织会主动弥合这一鸿沟。”

新故事的工程师们设计了一款能离线工作的手机应用软件，在无 Wi-Fi（无线网络）信号或手机发射塔信号无法覆盖的地区也能开展调查。新故事在海地的拉勃德地区开展了一项为期半年的影响力调查。他们了解到，75% 的受访家庭在自己的居所没有安全感，因为他们的居所大部分是难以抵御暴雨和酷热的防水布帐篷，只有 20% 的家庭有基本的卫浴设施。仅仅在入住新居半年以后，拉勃德地区 96% 的受访家庭反映有了安全感，96% 的家庭可以用上厕所了。

新故事的软件收集居民在安全、健康、幸福程度以及教育方面的数据。移动端调查帮助该团队认识到一处居所能带来的改变，以及工作中的不足之处。有了调查数据的支持，他们能够加深对当前以及未来社区系统的了解，做出相应调整。他们还能与社区组织开展合作，解决专业领域的问题。新故事品牌体验经理安妮 · 布兰农（Annie Brannon）指出，这些调查帮助机构实现了统筹兼顾，同时照顾到了贫困议题的复杂性与特殊性。

拉勃德地区的调查结果显示，即便是在新居，人们仍会受到蚊虫烦扰。新故事的工作人员正与当地伙伴一起寻找解决办法，以及今后在该地区施工的方法。

新故事计划将软件出售给非营利组织和政府机关等机构，以期为该组织带来持续的收益。“数字技术能够改变数据收集的速度、成本以及精确度，从而加快反馈回路。”社会创新倡导者常安梅（Ann Mei Chang）说道。她在2018年出版的《精益影响》一书中曾采访过新故事团队。但她也指出了一些潜在风险，包括隐私问题、安全性以及有可能忽略无法获得技术的弱势群体。

以往，拉勃德地区的房屋是由水泥砖块手工砌成的。2019年，新故事计划用3D打印机在萨尔瓦多建造住家社区。他们预计，使用一台与总部位于奥斯汀的建筑技术公司Icon合作设计的Vulcan打印机，只需花费4000美元（不到3万元人民币）就能于24小时内在地形复杂的热带地区搭建出一间800平方英尺（约74平方米）的混凝土住宅。新故事组织的领导者们已经与当地一家名为人人互助的组织开展合作，计划建造约100间房屋。

社会部门往往关注“时髦新潮”的理念，如3D房屋打印技术。常安梅指出：“尽管这种技术前景广阔，但对于新故事来说，更重要的是它建立了以客户为中心的数据驱动实验模式，并加速更新换代。新故事不断寻找契机，增加附加值。”

让变革成为一项开源事业

为了能够在海地农村地区以及萨尔瓦多等崎岖不平的地方建造房屋，新故事的工程师们在设计打印机时考虑到了如何与当地材料相匹配。这是一个难关。据拉夫齐回忆，他曾经问过新故事理事会这样的问题：“如果打印机彻底失败，根本无法和我们的应用软件匹配，这样的投资值得吗？”大部分成员给出的答案是肯定的。

投资者和团队成员选择加入新故事不仅是因为它的影响力，还因为它有可能对这个世界有益。新故事的资金模式使得哈格勒和他的团队能够承受更大的风险，进行软件开发，雇用软件工程师，研发 3D 房屋打印机等。每位捐赠者出资 6500 美元，就能帮助一个家庭建造属于他们自己的房屋。有房屋需求的家庭的生活状况在网站 NewStoryCharity.org 上都有详细的描述。每年每位捐赠者的资助从 5 万美元到 100 万美元不等。

新故事的团队从一开始就甄选出一组风险承受能力较强的投资者作为投标对象，这样的投资人了解从研发预算到为“爆品”而攻坚内部技术的重要性，这不仅仅有助于新故事，对于其他组织亦是如此。哈格勒表示：“我们非常幸运，因为我们的投资者能够理解，即便是非营利组织也需要研发预算或是创新基金。”

DRK 基金会的风险投资者亚瑟·瑞莫尔斯（Arthur Reimers）看好新故事的最大原因，是他支持那些“试着去解决大问题”的伟大领导者。“他们是开拓者。”

给初创企业投资的 Y Combinator 的合伙人艾伦·哈里斯（Aaron Harris）认为：“新故事在筹资定位方面做得很好，成功找到了筹资对象，并且懂得如何讲故事。他们能够条理清晰地阐明他们的新方案比现存方案更优良、更高效、更便宜。他们可以证明自己能做到言出必行。我觉得这能引发捐赠者强烈的共鸣。”

DRK 基金会的克里斯蒂·陈之所以被新故事吸引，是因为这一年轻、多元且经验丰富的团队，通过大胆设想和全新思维来解决由来已久的住房问题，陈希望更多的非营利组织能够获得捐赠者（主要是个人捐赠者）赋予的财务自由。她表示：“那是特殊企业所需要的，也是营利企业所需要的。它们需要灵活且富有耐心的资本，允许它们全面探索、捕捉想法，并深入学习。”

目前全球大概有10亿无家可归者。这一问题单靠某个小型非营利组织是无法解决的。但新故事毫不气馁。常安梅表示：“我相信他们还没有找到所有问题的答案，但这种精神会像北极星一样指引他们不断开拓创新，并谋求扩大自身的影响力。我认为，他们需要不断创新商业模式才能达到这一境界。”

寻求无家可归问题的解决之道还需要开展跨界协作。用于搭建捐赠的新屋的土地需要靠近人们当前的居所，这样才不会打乱他们的生活。政府需要提供各种公共服务。房屋需要被搭建起来。但同时，捐赠者需要保持耐心，并理解完成这一事业并非易事。陈表示：“捐赠者也需要对过程中的失败和曲折持开放态度，因为新故事团队、理事会以及合作伙伴都坚定地致力于解决为10亿无家可归者提供住所这一长期性难题。”

拉夫齐承认，新故事无法独自完成这项事业，有许多组织、政府机构和建筑商也在帮助全球缺乏住房群体解决问题。“如果我们可以把变革作为一项开源事业，把所学习和建设的一切东西提供给各行各业，那么就能产生大规模的影响力。”

科里·宾斯（Corey Binns）

驻北加利福尼亚的记者，撰写科学、健康和社会变革方面的文章。

“反家暴”新思路：一个多方共创的庇护网络[①]

作者：朱莉 · 齐林格
译者：江璐

安全庇护所合作项目通过 App 的应用和开发，大大减少了家庭暴力和人口贩卖受害者获得安全住所的等待时间。

湾区反性侵妇女协会（Bay Area Women Against Rape， BAWAR）是美国第一家保护性侵受害者的专业机构。40 多年来为性暴力的受害者们提供帮助，包括帮助他们立刻找到安全住所。

在过去的一年半里，这项任务都落在玛丽安 · 弗拉霍斯（Marianne Vlahos）身上。弗拉霍斯是协会的安全住所后备协调员。与其他同行一样，弗拉霍斯通常只有两条不太理想的途径。一是拨打 211，这是美国联邦通信委员会于 2000 年推出的热线，用于为个人和家庭提供“基本社区服务”。“这真的是一条死胡同。”弗拉霍斯说。她的请求常常被无限期搁置，即便在时间紧迫的情况下也是如此。二是列出一份名单，挨个给她所能想到的每一个庇护所打电话，为此她每次都需要把案件信息重复许多遍。

---

① 原文选自 *Stanford Social Innovation Review*, Summer 2019 Issue，原标题为 Streamlining Emergency Access。

大约一年前，弗拉霍斯找到了“安全庇护所合作项目”。这是一个由技术型非营利组织大篷车工作室（Caravan Studios）搭建的数字平台，家暴或者人口贩卖案件的负责人能在同一个网络中迅速地实现沟通交流，将受害者安置在安全合适的住所。

大篷车工作室成立于2013年，其使命是与那些有需求的社群一起，为公益需求开发应用程序。该组织的首席运营官凯瑟琳·赫德（Catherine Hurd）表示，为了决定项目的优先顺序，大篷车召开了一系列会议，旨在让那些致力于具体问题的社群参与进来。在一次会上，反家暴领域的专业人士聚在一起，讨论各自工作中出现的问题。

一些与会者表示，很难找到现成的适合受害者的住所。“受害者会直接出现在庇护所或打电话过来。他们会被登记在等候名单上，或者在庇护所案件负责人的办公室里坐上几小时，有时甚至是几天。在这段等待的时间里流失受害者的情况很常见。”赫德回忆道。

朱莉·欧文斯（Julie Owens）是一名反家暴顾问，也是一名受害者。朱莉表示，受害者找不到安全的避风港是一个严重而且普遍的问题。她在职业生涯中曾经听过上千名受害者亲口说过他们因为各种原因被庇护所拒之门外，其中包括“没有床位”。

基于这一问题的普遍性以及相信技术能带来解决方案的信念，大篷车工作室决定将他们的首个项目定位为：解决“为受害者提供合适住所”的问题。工作室的第一个产品是叫安全之夜（SafeNight）的应用程序。用户能通过这一程序为有需要的受害者捐赠汽车旅馆或旅店床位的费用。

共创的信息网络

每天有数以万计的家暴受害者及其子女在寻求紧急庇护。美国家庭和青年服务局的数据显示，在 2015 年，仅仅在一天的时间内就有 31500 名逃离家暴的成人和儿童被安置在紧急庇护所。在同一天里，有 7728 份庇护请求被拒。2013 年的一项研究表明，能够获得紧急庇护不仅是那些已经离开了施暴者的受害者关注的问题，也是那些正在考虑是否离开以及如何离开的女性受害者所关心的问题。

对于那些与受害者打交道的个案负责人来说，找到适合的住所着实不易。弗拉霍斯证实，“挨个打电话都被拒绝，然后试着去想哪些地方还能一试，这真的让人感到心力交瘁”。

沃达丰美洲基金会（Vodafone America Foundation）、加州蓝盾基金会（Blue Shield of California Foundation）和达拉斯大都会联合之路（United Way of Metropolitan Dallas）资助了安全之夜程序的开发。安全之夜能实时推送需求信息——可能是一间宾馆房间或公路旅店。然后，用户能够在程序上直接为受害者所需的房间付费，所付房费可视作捐赠，并可以抵税。

大篷车工作室在推出该应用程序以后，又向一家叫作“自由伙伴”（Partnership for Freedom）的机构申请资助。自由伙伴希望通过资助项目推动更多解决人口贩卖问题的创新方案。大篷车工作室决定，将自己的服务目标从家暴受害者拓展到人口贩卖受害者。

一家叫作北极星（Polaris）的机构也加入了这一合作网络。这是一个打击现代奴隶制的组织，运营全美贩卖人口举报热线。据时任北极星新泽西州办事处主任的凯特 · 卡

塞尔（Kate Keisel）介绍，该组织当时的申请方案是建立一份适合受害者使用的“床位目录”，并且实时更新庇护所信息。在过去 10 年里，北极星热线受理了 49000 多起人口贩卖举报。但是它 2012 年的研究报告显示，只为受害者找到了 529 张床位。

大篷车工作室和北极星公司看到了合作的契机。安全之夜的技术能改善北极星的计划，减轻庇护所必须不断更新床位信息的负担。卡塞尔认识到：技术能够助力服务提供商，以全新的速度统筹规划问题。

2014年，这两个组织申请将项目合并，合并后的项目获得了来自自由伙伴117万美元的资助。在国际非政府组织网络TechSoup的长期支持下，这两家机构接下来联合推出了安全庇护所合作项目（Safe Shelter Collaborative）。目前，该合作项目还得到了美国司法部犯罪受害人办公室（Justice’s Office for Victims of Crime，OVC）以及威廉·伦道夫·赫斯特基金会（William Randolph Hearst）的资助。

赫德将这一合作项目比喻成“收发超声波式信号”。希望给受害者提供场所的庇护所可以向已通过合作项目审查和认证的机构网络发送信息，从而快速匹配合适的床位需求。应用程序的界面设计简单，会首先询问用户是否想为受害者找一张庇护所的床位或一个旅馆房间。如果他们选择“庇护所床位”，那么受害者与负责人要一起填写一张由十个问题组成的表格。这张表格只要求填写诸如受害者的年龄、性别以及语言偏好等非识别性信息。完成问卷后，各个参与机构就会收到提醒，并回复是否能够提供庇护。

找到“合适的”床位对于人口贩卖和家暴受害者而言至关重要。他们的需求不同于其他性质的受害者和一般意义上的无家可归者。甚至他们各自的需求也会不同。这两个群体都“处于危险之中，需要安全庇护，躲避那些施暴者”，欧文斯解释说。

欧文斯表示，家暴受害者通常面临一个施虐者，但是“人口贩卖本质上是有组织的犯罪”，可能涉及一个“善于操控又诡计多端”的网络。因此，人口贩卖的受害者尤其存在一种“高度不信任感”，圣约家园（Covenant House）是一个全美青少年庇护网络，为人口贩卖受害者提供安置方案。执行理事吉姆 · 怀特（Jim White）说，“为这些受害者提供服务，关键是要让他们立刻感到安全。如果你不这么做的话，他们很可能会逃离”。

平台安全性优先

救助负责人对于平台创立以来为工作流程带来的巨大改善印象深刻。通过安全庇护所合作项目安置的第一位受害者是一名男性劳工贩卖受害者，他只会说广东话，这给安置工作带来了困难。“结果他在不到 10 分钟的时间里就得到了安置，所有人都大吃一惊。这显示了技术工具带来的力量。”赫德说道。整体来说，个案负责人宣称他们的安置流程已经从几小时甚至几天缩短到了 5 分钟左右。

截至2019年1月1日，美国14个州的133个庇护所和庇护中介机构建立了全国伙伴关系。据合作项目估计，该项目已经帮助了至少1351名受害者。这一数据来自收到的旅店房间捐赠总数，以及各个机构报告的已“成功”安置的个案数量。由于各个机构不需要确认最终安置情况，而且一个捐赠房间经常会安置不止一人，合作项目所帮助过的受害者人数实际可能更多。

一些平台用户也对平台的安全性表示担忧，他们的顾虑主要涉及服务对象的安全性和匿名性，包括数据隐私。然而，合作项目并不收集或储存受害者的相关信息。赫德指出，个案负责人“要是使用一次该系统，那些顾虑通常就会消除”。

同样地，虽然合作项目负责处理安全之夜应用程序上的捐赠事宜，但每笔捐赠所收集的信息仅局限于资助者的地理位置。平台也不会联系捐赠者。“我们不想让庇护所误认为合作项目是出于自身目的，挖掘捐赠数据库的信息。”

2019年，该合作项目计划向至少6个州扩容。赫德说，“我们希望有一天它可以无处不在，可以更加迅速地应对一切需求”。

安全庇护所合作项目也许无法做到无处不在，但在将来某一天，它可能覆盖全美的各个社区，为更多的人提供帮助。

朱莉·齐林格（Julie Zeilinger）

FBomb创始人兼编辑。这是一个与女性媒体中心合作，面向年轻人的女权主义博客。齐林格也是《有点厌倦：为什么女权主义不是一个肮脏的词》（*A Little F'd Up: Why Feminism Is Not a Dirty Word*）和《大学101：大一女生指南》（*College 101: A Girl's Guide to Freshman Year*）两书的作者。

水滴启示录：社会价值嵌入商业创新充满挑战，但这值得冒险

作者：《斯坦福社会创新评论》
中文版编辑部

水滴筹地推人员“扫楼筹款”“按单提成”的做法被曝光后，这一事件成了2019年年末最受关注的话题之一。水滴公司创始人、CEO沈鹏以公开信的方式对此做了回应，承认“线下人员违反服务规范的类似现象确实在不同程度上存在”。但他强调，水滴公司的“商业模式里有社会价值在”，“这样的创新方式或许引起了部分人的质疑与争论，但我们有信心解决过程中面临的种种挑战与困难”。

水滴模式引起了广泛的讨论，其焦点在于如何看待水滴筹带来的“破坏式创新”。有学者试图以“营利与非营利”的二分法解构水滴模式，并建议在水滴公司内部设置“防火墙”，将水滴公司与水滴筹拆分成传统意义上的营利组织与“非营利板块”。我们认为，这样的观点是不可取的，这有可能消解一个创新模式的动力机制。

毋庸讳言，新的模式在释放生产力，尤其在解决社会问题的同时，也会带来新的问题。因创新而产生的问题，理应以创新去应对，而不能削足适履，总让新事物去适应旧规则。如今，新的知识生产方式是开放的，有许多人参与试错、参与创造。最关键的是，由此而产生的创新红利让我们大大增强了大规模解决社会问题的能力。

中国经济正经历一个“行业平台化，平台头部化”的进程，越来越多的社会资源集中在头部互联网平台，这些机构越来越举足轻重，公共性越来越强，社会影响力越来越大，其效应既有正面的，也有负面的。但我们相信，中国企业在创造社会价值方面有巨大空间，存在一种既增进社会福利又保证商业效益的可能，把社会价值嵌入商业创新、科技创新诚然充满挑战，但潜在的可能性依然值得我们为之冒险。

大病恐慌——水滴回应的社会问题

中国有微信、微博，美国有推特、脸书；中国有淘宝，美国有亚马逊；中国有支付宝，美国有 PayPal。但凡在中国风生水起的互联网平台，都不难在美国找到对应物。唯独水滴筹、轻松筹等大病众筹平台是例外，说这样的大病众筹平台是中国特色的产物，应称恰当。

为什么美国纵然医保问题严峻，时至今日仍没有诸如水滴筹这样的大病众筹平台出现呢？答案很简单：美国看病难，难的主要是中产阶层。在美国这样的橄榄形社会，橄榄两端，即富人和穷人规模有限，居于橄榄中端或者说社会主体的中产阶层是体量最庞大的群体。他们既无力承担天价医疗费用，又不能主要指望政府救济。中产阶层都要体面，而且非常注重个人隐私，像水滴筹这样公开向社会伸手，尤其需要筹款者“公开病历”的操作，不太可能被接受。

从这个角度或许不难解释大病众筹平台在中国的崛起。中国是世界最大的转型社会，或者说发展中国家，不是橄榄形社会。即使过去 40 年经济高速发展，中层和底层的大多数中国人仍难以独立承担医疗费用，能从政府获得的支持也有限——截至 2018 年 2 月，中国基本医疗保险覆盖人数超过 13 亿，但公共医疗卫生支出仅占全国一般公共预算支出的 7.1%，平摊到每个人头上相当于杯水车薪。

对大病的恐慌，催生出一个巨大的市场，水滴筹、轻松筹等形形色色的大病众筹平台之应运而生，也就不足为怪了。

营利和非营利双管齐下——水滴提供的解决方案与成绩单

水滴公司向我们展示了借助互联网平台解决大病恐慌的勃勃雄心，它不但试图用商业手段回应“因病致贫、因病返贫”的社会痛点，也希望从中直接或间接地获取利润，以满足资本增值的渴求。

按照官方说法，水滴公司目前的业务结构包括“事前保障”和“事后救助”两大部分，所谓“商业板块”水滴互助、水滴保险商城属于“事前保障”，“企业社会责任板块”水滴筹、水滴公益提供“事后救助”。保险经纪是水滴公司的主要商业收入业务，旗下的水滴保险商城是一家持有保险经纪牌照的互联网平台，目前已与多家主流保险公司进行合作。

保障亿万家庭

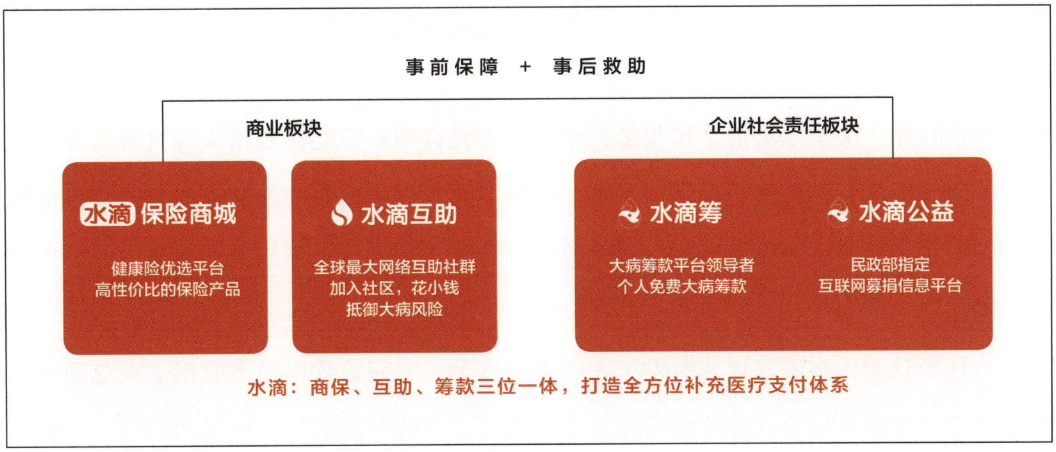

此模式的特殊之处在于，水滴筹在帮助大病家庭筹款的过程中产生了巨大流量，客观上提供了一个高效的保险教育和销售场景；与此同时，因大流量而积累的用户消费行为、标签和画像数据，也可以帮助保险商业和大健康行业等反向定制产品，在商业上有许多想象的空间。

风险资本对水滴青睐有加。过去 3 年半，水滴公司累计获得 4 轮融资，合计金额超 18 亿元人民币，包括 IDG 资本、腾讯投资、高榕资本、创新工场在内的 10 余家知名 VC（风险资本）都押注水滴，创下近两年互联网健康保障领域融资的最高纪录。

资本助力之下，属于“企业社会责任板块”的水滴筹发展极快，自 2016 年 6 月上线至 2019 年 10 月底，水滴筹已累计帮助近 100 万人筹得超过 235 亿元的医疗费。

2018 年，水滴公司获得中国社会企业与影响力投资论坛的“年度社会企业”大奖，推荐语中提到：“水滴公司是年度最具前沿代表性和影响力的社会企业。”

混合且模糊边界，可以吗——关于水滴的争议焦点

誉谤伴生，关于水滴的争议很多，诸如是否允许中产阶层甚至富人为自身家庭大病众筹、朋友圈压力、数据与隐私保护等。但当下的焦点主要集中在其商业与社会价值逻辑上：用水滴筹的巨大流量撑起水滴保险的巨量客户基础以及未来商业想象力，可以这么做吗?

有评论认为，水滴筹模式激发了人性中的贪婪。大病筹款平台本应用于救急救难，但水滴筹“地推人员”以筹款顾问或者志愿者名义“按单提成”，极具功利性，自觉不

自觉地裹挟了许多也许并非急难的受助者，透支了社会爱心和信任。

同时，水滴公司在整合商业收入与社会价值的双重目标时，有意无意地模糊了一些关键问题——比如说，水滴公司究竟用什么办法让一线员工践行机构使命，其细则和数据需要让社会了解吗？而且这些办法是不是真的有效呢？水滴集团旗下的非营利机构与商业机构有什么样的利益相关性？这样的混合是促进了商业价值与社会价值的共赢，还是伤害了公共利益？

不对这些关键问题做出澄清和认真讨论，必然引致公众拷问，直至生成舆论狂飙。

这其实不只是大病众筹的问题，也是中国新经济尤其是平台经济共有的挑战，譬如出行市场的滴滴及其顺风车等事件激起的大量社会争议。大量事实和证据表明，平台经济在解决社会问题的同时，也可能制造新的社会问题。

一个重要的事实是，水滴筹等大病筹款平台的出现大大降低了个人求助的门槛，在过去 3 年多的时间里，有上百万家庭通过水滴筹筹集医疗费用，他们的求助权、生存权不应被剥夺——如何更有效地为社会解困？这应是我们讨论的重点。

批评当然必要，但批评如果不能推动问题的解决，不能转化为社会创新的动力，则不免沦落为舆论场上喧嚣的泡沫。

不怕失败和挫折，须促进社会价值与商业创新的有效融合

水滴公司试图整合商业活动与社会价值的双重目标，其尝试在国际上其实并不罕见，包括在许多新兴市场国家，这已经是一种新型社会投资与组织发展的新趋势。比如，史

蒂夫·乔布斯遗孀劳伦·鲍威尔创立的“艾默生联合”（Emerson Collective）、eBay（易贝）创始人皮埃尔·奥米德亚和妻子成立的奥米德亚网络（Omidyar Network）、纽约惠及低收入移民妇女的“热面包厨房”（Hot Bread Kitchen），以及在国际上久负盛名的孟加拉农村发展委员会（BRAC）。

目前，无论是在美国、欧洲、南美洲、非洲或是亚洲，都有这样的新兴组织存在。哈佛商学院教授朱莉·巴蒂拉纳（Julie Battilana）将这种融合社会福利和商业创收功能于一体的组织称为“混合型组织”。她的研究指出，就像自然界中的杂交物种一样，混合型组织的模式可以成为社会创新的源泉。但它们也面临着诸如法律认可、融资、商品和服务定价以及创建平衡的组织文化等方面的挑战，这些挑战可能会阻碍它们的发展。

水滴的商业模式有着混合型组织的某些普遍特征，但其扩张速度与机构文化则与上述组织有明显差异。一般混合型组织的规模远没有水滴公司这样大，面临的资本压力也没有那么大。基于平台经济的流量逻辑和资本逻辑搭建混合型组织的商业模型，从而大规模解决（也制造）社会问题，这在全球范围都是新课题。

有经济学家甚至认为，这些平台公司正在为社会创造新的制度与秩序。在这种情况下，如何把社会价值嵌入到新经济公司尤其是头部平台的商业和科技创新之中，使公共利益、社会价值与商业资本相辅相成，就显得尤为重要了。

这是一个前所未有的事业，是复杂性和难度空前的社会试验，显然并非易事，需要我们在思维方式、行为规范和组织制度诸领域进行大胆创新。

没有谁能担保所有试验都成功，但其无限丰富的可能性激动人心。我们也并非从零开始，已经有丰富的国际经验可资借鉴。181 位商业领袖在 2019 年共同声明转向“利益相关者经济”表明商业重视全方位的社会价值已成趋势；全球化和技术的发展、新一代消费者和投资者带来的可持续消费和影响力投资等运动正蓬勃兴起。这一切都在呼唤更多更好的社会创新知识创造和制度创造，以促进更多优秀的社会企业家、制度企业家的涌现，实现经济增长与社会价值的持续共赢。

当下的中国，企业创新具备商业与社会价值共赢的巨大试验空间，值得担当，值得冒险。推动社会与商业的力量共同探索混合型组织等创新之路，共创高商业效益与高正外部性的解决方案，共建本土化的社会创新知识体系，正当其时。

这是我们的未来。

循证实践在国际发展援助领域的新思路——超越线性思维，建立协商文化[①]

作者：罗德里戈·卡纳尔斯
托尼·谢尔顿
托里·葛瑞夫斯
布伦丹·莱汉
译者：陈智勇

在国际发展援助领域中，许多社会干预政策的失败往往归咎于利益相关方在收集和使用证据时所习惯的狭隘的线性模式。为此需要建立起学习、协商和合作的文化，将证据的生成和使用融入项目的设计和实施之中。

许多从事国际发展援助工作的人都听说过 PlayPump（游戏抽水泵）的故事。这种抽水泵是在南非研制的，把一台类似旋转木马的机器与一台抽水泵连接起来就大功告成。它既可以为农村社区提供安全的饮用水，又可以让学童们嬉戏玩乐。水箱上的广告牌作为商业模式中的收入来源，用来帮助支付维护成本。这一创意在 21 世纪初曾经吸引到了大量国际资金，实现了大规模扩张。

但是，该项目在实施过程中出现了几个问题：这项技术只有在靠近地表有丰富、高质量地下水的环境下才有效。然而，最根本的问题在于缺水。因此抽水泵安装得越偏远，维护的可靠性就越低。PlayPump 项目的许多抽水泵因缺乏必需的维修而闲置无用。另外，在孩子人数不多的社区，玩转旋转木马的事往往就落到村里的老年妇女身上，这活儿可比摇动传统手泵的要求高多了，村落的妇女们却不得不用，因为当地的传统手泵都被旋

---

① 原文选自 *Stanford Social Innovation Review*, Summer 2019 Issue，原标题为 Paying It Forward in International Development。

转木马式抽水泵取代了。虽然出现了这些重大问题，项目方却仍继续在非洲安装了数千个游戏抽水泵。好在许多推广和资助该项目的人士最终认识到了这些问题。然而，这一教训是在投入了大量时间、精力和资金之后才得到的——而这些本来是可以避免的。

为什么这一“解决方案”在未进行全面的多情景评估之前，就已经被大力推广，并得到重金资助呢？而且，在有严重问题的证据浮出水面后，为什么仍继续被广泛实施呢？说得更宽泛一些，如果国际发展援助领域已长期致力于循证实践，那为什么没有更多地将证据应用于实践之中呢？

在威廉和弗洛拉・休利特基金会（William and Flora Hewlett Foundation）的支持下，我们在耶鲁大学管理学院的研究团队进行了相关课题研究，为什么类似游戏抽水泵这样最具良好意愿的失败案例会如此普遍地出现？我们的研究从一个基本的认知出发：将证据融入实践确实不易。我们的研究项目（the Evidence in Practice，实践中的循证）试图了解哪些障碍干扰了将证据纳入援发工作的政策和实践，并甄别有效纳证的实践方法。

从国际发展援助领域的工作者到学术界、慈善家和影响力投资者等各参与方，都在设法解决识别、支持并实施有效方案这一难题。有关证据的构成以及在特定情形中的应用、纳证后对每一方的影响等相关研究也引起了激烈的争论。

从2016年1月至2018年1月，我们的研究从了解参与发展援助项目各方之间的关系，以及各方对将证据引入政策和实践的看法开始。我们对加纳、印度、墨西哥和南非四个国家的8个案例进行了深入的研究，还对世界各地的国际发展援助专家进行了广泛的访谈，请他们回答以下几个问题：何为证据？其构成是什么？何时、以何种方式将证据融入实践中？其原因是什么？成功案例之间有什么共同之处？什么是更有效的证据整合模式？

我们的研究表明，基于包容性协商的长期合作对于将证据纳入实践至关重要。在本文中，我们引用了其中的 4 个案例研究。

我们的研究揭示了在将证据融入实践的过程中所存在的许多结构性障碍。无论是政府还是非政府组织，都要就其干预措施的及时、可靠性接受审查，并就已实施项目所配置资源的有效性接受评估。因此，它们往往缺乏时间、资源、激励机制或技能来自发生成证据，或者去寻找和应用其他方生成的证据。它们还受到严格的时间表——比如捐助方的预算周期和选举周期——以及项目规则的约束。与政府和非政府组织相比，学术界等其他相关方倒是有能力和激励机制来生成可靠的证据，但它们往往缺乏对情景的理解，或者没有将证据转化为可实施方式的激励机制。

然而，所有这些障碍也意味着机遇：不同类别的利益相关方拥有不同的资源（例如信息或资金）、优势（例如学术权威性或决策权）和需求（例如成果公开或法定责任）。它们可以通过互利行为来互相帮助，整合各自的资源和优势来满足各自的需求。我们将这些资源、优势和需求统称为“货币”（currencies），因为它们作为交换媒介，可以被不同的利益相关方用来交易价值，减轻或规避整合证据的那些结构性障碍。

这类交换在协商合作的过程中最能发挥作用：利益相关方之间通过沟通明确了各方可以提供什么，需要用什么来交换，如何合作才能取得成功。由此达成的共识为各方确定如何设计、实施干预措施，以及分享其新成果奠定了基础，从而可以确保研究人员、决策者、实施者和其他相关方继续致力于相关工作。这种协商可能需要各方做出重大妥协，但这并不是零和游戏。通过创造性地利用利益相关方在合作过程中所提供的资源和需求之间的差异，所有参与方和所有寻求服务的终端客户都会从中受益。

遗憾的是，这类协商合作非常罕见，更常见的是利益相关方的某一种交易。在交易过程中，各方只是固守自己的一亩三分地，依赖对问题对象的碎片化和孤立的理解，而且还误解其他利益相关方的观点和需求。这类交易忽视了“货币”交换带来的机会。在为解决共同问题进行交换时，具有互补性的利益相关方的“货币”不仅可以将现有证据融入实践，还可以为持续生成证据开辟道路。此外，在利益相关方之间建立起交换所需的协商合作可以增强信任，培养一种学习的文化，使项目和合作关系更加强有力、更具韧性。换句话说，通过为建立长期合作伙伴关系提供前瞻性“投资”的方式，利益相关方为下一轮循证的应用预先打下了基础。

现在我们来看看案例研究。

案例一：墨西哥 PPE 就业计划

PPE（Programa Primer Empleo）计划是 2007 年启动的墨西哥联邦就业计划。该计划旨在“与行业合作，为年轻人创造就业机会”，这一无可非议的目标有可能动员广泛的利益相关方，共同发现有可靠证据支持的解决方案。它还有一个很强有力的政治使命：费利佩 · 卡尔德龙总统用创造就业平台赢得了 2006 年大选。为履行这一竞选承诺，卡尔德龙的过渡团队成员设计了一个全国性的项目，计划在他就职后即刻启动。这一计划的核心是为追加雇用劳动力的墨西哥公司提供社会保障税补贴。该项目在 2007 年的联邦预算中，获得了 30 亿墨西哥比索（约 2.75 亿美元）的拨款。

虽然就业计划的设计者确信项目非常周到，但墨西哥的企业却认为它们没有被征询过意见。该计划包括了一些复杂和唐突的规则，虽然这些规则旨在防止滥用资金，但企业却将此视为一种不信任。此外，虽然 PPE 计划提供了部分临时补贴，但企业需要承担雇用没有任何正式工作经验的个人所带来的长期财务与法律风险。从更全面的角度来看，该项目忽视了相关学术研究成果，这些研究表明，缺乏针对性的大规模补贴对刺激就业的影响有限。

此外，决策者也未能向私营部门了解不雇用应届毕业生的原因，这是设计高影响力项目所必需的基本信息。私营部门的代表未被邀请参与前期合作，卡尔德龙政府因此错失了获取关键信息和意见来获取支持，建立一个能够提升该项目前景的广泛联盟的重要机会。这个问题在 PPE 的整个执行过程中一直存在。

PPE 项目启动后，很快就在全国范围内推开。而全国范围的推广需要将其激励机制、预算分配、运营结构和年度目标纳入各类法律规定之中。该项目的大规模快速推进形成了一个僵化的结构，负责项目实施的公务人员几乎是立刻发现了这些问题，但由于已经有了法律规定，需要严格遵守该项目的运营规则，他们对此也束手无策。甚至在对项目所做的评估已经清楚地表明其未能实现目标的情况下，都不能改变其实施进程。

2012 年 11 月公布的 PPE 项目成果报告表明，它只达到了政府制定的雇用人员目标的 13% 和雇主参与目标的 3.2%。卡尔德龙政府优先考虑快速推进 PPE 计划，而没有事先与私营部门、学术界或该项目的评估人员建立起持续的伙伴关系。事实上，设计 PPE 计划的目的就是想快速实施，而不是先向各方学习了解后再实施。该项目没有从一开始就在利益相关方之间培植有益的“交换货币”——比如将政府的社会目标、财务投入与私营部门的专业知识和共同目标挂钩。PPE 项目在全国推出后，并没有产生预期结果，但由于其在运营规程及联邦预算法中反映出的如此巨大的体量和规模，它几乎无法转向。

案例二：南非 CALIE 项目

劳动市场干预有效性协作分析项目（Collaborative Analysis of Labor Intervention Effectivenss，简称 CALIE）是决策者和研究人员之间的一项创新合作，旨在解决南非国内失业这一关键问题。2011 年，南非的失业率为 26%，其中青年（18 至 35 岁）失业问题尤其严重，青年失业率高达 37%。

该项目由知名非营利组织阿卜杜勒·拉蒂夫·贾米尔反贫困行动实验室（Abdul Latif Jameel Poverty Action Lab，简称“反贫困行动实验室”）发起。该机构抓住了南非政府在政策层面高度重视失业问题这一机会，在筹集资金的同时，征集学术界和决策者之间就劳动政策进行合作的项目建议书。实验室召集了来自南非及其他国家的政府有关代表和有关研究人员，举办了一系列工作坊和焦点小组会议，收到了来自政府和研究人员团队的十多份建议书。其中，由开普敦大学和斯泰伦博斯大学（Stellenbosch University）两位教授提交的建议书最终胜出，他们两位后来也成了该项目的主要调研人员。

在南非中央政府层面，降低失业率是劳工部的主要工作。劳工部降低失业率的项目之一是通过各省的就业中心为求职者提供咨询服务，将他们与正在招聘的公司连接起来。利用最新的劳动力市场动态研究，CALIE 项目首先试图测试诸如推荐信类的“技能信息”是否可以帮助低收入求职者改善其就业前景。在项目的设计阶段，研究人员和政策制定者们集中精力找到一个共识区，该共识区既是研究人员有兴趣深挖的主题，又能支持南非政府对项目目标的要求，而且还符合政府的运营和预算的实际情况。

项目小组不仅找出了一些相对常见的劳动力市场干预措施，而且还甄别出了可能对任何类型的干预产生深远影响的关键问题。双方通过在复杂的合作设计阶段的协商找出共同的优先事项，就需要学习的内容达成一致，而且他们也得到保证，他们的参与是一项值得付出的努力，其商讨的结果很有可能被采纳。

这一设计进程需要所有利益相关方做出重大妥协，其结果取决于该共同问题是否有利于各方。通过明确每个群体可供使用的资源、需求及可能做出的妥协，这一设计进程确定了一种对所有参与人员都有价值的证据生成方法。例如，研究人员与劳工部协商，同意其研究将与该部的资源限制、激励结构和现有工作流程相适应。作为交换，劳工部认可随机取样和数据收集的做法，这种认可对政府机构来说是不同寻常的。项目合作伙伴们认为这些妥协是必要的，研究不仅要生成及时、相关和有用的证据，还要确保劳工部能够顺畅和易于规模化实施项目。这样的合作过程使它们之间能够建立起信任关系，为进一步研究奠定了基础。

2012 年，项目启动了干预试点工作。2013 年年底，试点取得了积极的成果，激发了各利益相关方启动更大规模的试验来验证成果，并对第二项干预措施进行测试。第二项干预措施是一个“行动项目”，帮助求职者规划他们的求职活动。第二项干预措施的试验结果也令人欢欣鼓舞。最终，每一方都从合作中各取所需。同时，这也确保项目生成了可靠的证据，并将其应用于紧迫的公共问题中。

线性模式的局限性

以上这两个案例突出体现了证据生成和使用的两种截然不同的方式，它既可以被排除在外，也可以成为在政策和实践层面实现协同改革的基础。这两个案例的核心在于，在国际发展援助领域中，研究人员、中介机构、政策制定者和实施者等各个利益相关方之间相互作用的关系。

我们将证据纳入政策和实践的过程视为一个整体“生态系统”。在这个“生态系统”中，上述研究人员、中介机构、政策制定者和实施者等有代表性的利益相关方群体在相互作用着。这个描述还不够完整，因为一些组织具有多个利益相关方群体的属性，而且一些个体经常变换其所在的利益相关方群体，抑或担任跨类别的角色。但是，这个框架可以帮助剖析那些具有“证据”和“实践”间复杂关系特征的角色、激励机制和作用。

我们的研究（包括超过 225 次的访谈）发现，国际援助发展领域的参与者通常将与其他利益相关方的互动定位为一个将学术证据转化为公共政策和发展实践的线性过程，将证据视为研究人员生成的抽象、普遍性知识。按照这个线性模式，研究人员之后就将证据传递给中介机构，然后（在理想情况下）中介机构再将其转化为政策制定者和实施者可以使用的形式。

然而，许多结构性障碍的存在阻碍了这种传递。首先，每个群体对所谓“证据”的理解有着根本性的不同。参与者将进程中的每个步骤都视为某一类别利益相关方的领地。该观点强调每个步骤都相互独立，而不是相互联系。这些障碍还强化了某一相关方群体的主导地位，而不是相关方之间潜在的联盟关系。例如，“证据生成”按惯例属于研究人员的职责范围，是由学术机构的结构和激励机制主导的，这与政府政策制定者或实施者的结构和激励机制有很大不同。这些不同利益相关方的既定角色和激励机制之间的明显区别，强化了对证据“转化”按部就班的需求。

墨西哥 PPE 就业计划和南非 CALIE 项目的案例比较揭示出了一些重大差异，显示了线性模式一些致命的局限性。从 CALIE 项目中的研究人员和政策制定者之间的合作层次和类型可以看到：两者的合作使证据生成与不断发展的实践可以融合起来。这种合作始于确定一个共同感兴趣的领域，并共同开发一个动态的政策研究项目，解决对研究人员和政策制定者来说都突出的问题。CALIE 项目建立了一个合作架构，用于识别紧迫的政策问题，同时找到对该问题感兴趣的研究人员。CALIE 项目还扩展了这一过程，在设计这一研究项目时纳入了政策制定者的反馈意见，并建立了旨在适应和学习的政府干预措施。这种方法能让研究人员在设计干预措施时充分考虑政府现有的资源、结构和流程范围。将干预措施定位为政府项目并进行调整以满足政府的需求，这也为研究人员、政策制定者和实施者建立起了宝贵的信任，使得该项目一出现积极的初步证据后就能够扩大规模。

这样的合作表明，将证据纳入实践不是一种线性转化，而更像是证据生成和应用的一种整合。正如 CALIE 项目所示，这种转变需要改变参与的利益相关各方的思维定式，创建推进各自适应性学习的架构。例如，CALIE 项目形成了利益相关方之间的互动周期，各方共同定义问题，研发潜在的解决方案，并在实施解决方案时明确各方的资源和投入。这与以所有必要知识都已经掌握为前提的服务性提供架构完全不同，后者专注于快速有效的执行，而前者建立在承认当前所掌握的知识具有局限性，因此需要学习和适应的基础上。

上述经验向我们揭示了将证据融入实践的另一种思维方式。当利益相关方合作解决共同问题时，他们可以通过协商来确立一个项目框架，让各方都能够为证据的生成和采用做出其独特的贡献；在明确各参与方所对应的激励机制和约束条件的同时，也明确各方所需做出的妥协和调整，让证据最大程度地融入实践。

由于各利益相关方拥有不同种类、不同价值的“货币”，群体之间可以进行交换。例如，研究人员可以发挥专业能力来提出问题框架，设计找出答案的途径，以及研究工作在项目中的正当性。他们可以用这些来“换取”政府数据进行研究；反过来，政策制定者愿意与研究人员分享他们的数据，以此获得可靠的证据带来的正当性。就目前的情况来看，这类交换是有需求的，但却很少被公开讨论过。我们的研究表明，找出利益相关方潜在的共同兴趣并就此进行协商，有助于建立和维持共同的价值体系，而这对于证据融入实践至关重要。

这种协商合作还有其他几大优势。首先，协商合作需要公开对话，更深入地了解每个群体可以为其他群体提供的服务，因此增强了利益相关方群体之间的信任，还让各方认识到目前可用的证据往往是不完整的，而生成的相关新证据可以融入项目的设计中。接下来，在实施项目的过程中可以为持续学习和迭代改进获得进一步的洞见，而不是对预先定好的程序亦步亦趋。总而言之，那些已证实的最成功和最有韧性的项目举措都应用了这种“货币交换”的模式。

CALIE 项目的推出是因为反贫困行动实验室抓住了机会，将其研究工作对标青年失业问题这一南非政府宣布的首要任务。该项目在如何将新出现的证据融入政策和实践方面与南非政府进行合作，引进了严格的研究设计和路线图。根据业务能力强的研究人员所做的全面评估，反贫困行动实验室可以改进项目设计，并使政府的项目具有正当性。反过来，政府致力于减少该国的系统性失业，看到通过支持实验室的数据收集和分析可以改进政策。每个参与者都可以贡献其独特的专业知识，实现解决潜在问题的共同目标。

各利益相关方愿意在项目的设计、管理和“激励机制”上做出必要的调整和完善，这会增加生成相关、及时和有用的证据并将其整合到项目中的可能性。在CALIE项目的案例中，反贫困行动实验室和主要调研人员从一开始就围绕研究设计与劳工部进行了协商，确保研究问题对政府来说是相关且及时的，实验室总是将CALIE项目描述为政府项目，将其工作业绩归功于劳工部。实验室还对其研究设计做出了一些调整，以回应政府在分析和发布项目中期结果方面的需求。

要确定利益相关方有哪些可以作为协商合作基础的“交换货币”，至关重要的一点是找出具有兼容性和互补性的具体领域。通常情况下，这些货币是某一个利益相关方有能力提供的（例如在CALIE项目中，对应由世界级研究人员进行精准评估），并且可以为另一个利益相关方提供巨大的价值（例如对政府干预政策提供外部的正当性）。

我们的研究提出了构成“交换货币”的几大支柱，比如各利益相关方的独特资源、需求和优先事项。我们还进一步确定了六项内容，包括项目运作周期、目标受众、典型激励、资源、不可协商的需求和证据优先项，这些都有助于利益相关方之间“交换货币”的形成（参见第58页的合作协商架构中的“交换货币”）。例如，研究人员一般根据论文发表、任职期限和项目资助时间表来安排他们的时间，而中介机构则主要通过识别其他利益相关方中最适合将证据融入实践的时机，来组织它们的工作。反过来，选举周期和政治事件支配着政策制定者。研究以上这些特征不仅有助于澄清特定利益相关方可以为其他方提

合作协商架构中的“交换货币”

交换货币

各利益相关方可以在协商合作中使用各自的“货币”来跨越其在项目周期、资源、受众和激励机制上的差异。

利益相关方	项目运作周期	目标受众	典型激励	资源
资助方	通常为年度资助	理事会、政府监管部门、公众（比如纳税人、媒体、实施伙伴、受益者）	有效配置资金的能力，与组织的长期战略保持一致，业界信誉	资金，通过被资助者获得不同来源的情景化知识
研究人员	论文发表的时间表、任职期限和研究项目资助的时间期限	在论文发表和研究职位任期上有决定权的高级研究人员	专业杂志上的论文发表、任职期限、获奖、筹资	研究课题领域公认的专业性
中介机构	证据引入实践的机会窗口	决策者、实施者、研究者	对循证实践的认可和资助	能在利益相关方之间转化创意，召集力，可在不同时间表中作为桥梁提供服务
决策者	通常为预算周期、选举周期	民选官员、政党、媒体、公众舆论	晋升和避免犯错，媒体正面报道和公众正面舆论	扩大项目的能力，项目所需数据，召集力
实施方	资助时间表、预算周期、受益者 / 客户需求	资助方、受益者 / 客户	准时、按预算实施协议的项目，管理成本低	受益者 / 客户，对实践情景的敏感性和直觉，从项目中所获得的经验教训和数据

不可协商的需求	证据优先项	可用于交换的货币
申请资金使用的强有力理由，避免欺诈或资金使用不当	1. 自身的经验； 2. 其他资助方（通过口口相传和观察资本配置趋势）； 3. 项目所生成的证据； 4. 流行话题； 5. 学术研究论文	愿意提供资金来交换结果和认可，召集力，支持跨组织交换
需要能够发表，还可以在学术界有进一步的职业发展	1. 自身已发表的证据或其他学术论据； 2. 相关领域的热门研究（比如在媒体或其他地方）	赋予循证正当性，来交换推进研究的数据
参与各方愿意做出某些妥协，并拿出时间来协商	1. 在决策者和资助方中间流行的证据和主题； 2. 具有广泛实施和复制潜力的证据； 3. 已发表的学术研究	愿意利用网络关系来推广创意，转化不同利益相关方语言，以此来换取能够接触其他利益相关方的机会，以及决策影响力
没有负面曝光/丑闻，遵守法律及其他规定	1. 自身的经验； 2. 其他决策者的经验； 3. 自己国家的经验； 4. 别的国家的经验； 5. 已发表的文章	愿意支持项目来换取对自身政策的肯定，有召集和调解的权威
有足够的资源可以有效实施	1. 自身的经验； 2. 项目实践的证据（比如融合/实施一个创意的最佳方式）； 3. 对筹资有用（比如我们怎样设计一个有可能被资助的项目）	愿意提供其所有的受益者/客户和相关数据来换取资金和自主权，情景化理解如何应用知识，灵活适应项目实施中的新挑战

供的价值，而且还能够凸显互惠交换的机会。

然而，正如墨西哥PPE计划案例所示，大部分利益相关方对协商合作和“交换货币”缺乏认知。产生障碍的原因在很大程度上归咎于每个利益相关方内部的既定激励机制和规范。它们使每个群体更加孤立，而不是更能相互合作。从PPE计划来说，政治压力的紧迫性使得卡尔德龙政府未能寻求私营部门投入到设计过程中，而该项目成功与否取决于是否做到了这一点；同时，政府也没能寻找到类似政策举措的现有理论依据。而且，在PPE项目启动后，政府法规的严格性使得显示其内在缺陷的那些新证据不能被纳入项目的中期修正之中。

对PPE项目和CALIE项目的比较分析说明，将协商合作建立在相互理解每个利益相关方的激励机制和约束基础上至关重要。当创建出这种“交换货币”时，一种新的循证合作模式就出现了，项目的设计能够实现灵活性和学习的需求。这一替代模式创建了一个合作架构，各利益相关方参与其中，各自的需求和贡献都能得到认可，资金和项目管理机制得到透明和有效的协调，证据和实践得以整合。

这些趋势并非CALIE项目和PPE项目所独有。在我们的8个案例研究的每一个成功情景中，系统生成和使用证据都源于利益相关方之间持续的合作和协商过程。明确和协商潜在的共同目标是通向成功最有效的途径。在确定使不同类别的利益相关方能够参与全面协商合作的共同原则和要求时，我们认识到，开发“交换货币”始于利益相关方诚实地识别其个体需求、资源和约束这一貌似简单的过程。接下来，它们不仅要确定需要什么、谁拥有它，还要确定如何构建合作，以便所有利益相关方愿意参与由相互交换“货币”所维系的学习合作。我们的另外两个案例研究说明了这些观点。

案例三：墨西哥 Progresa 项目

以协商合作为基础的“交换货币”可能需要耗费大量的时间和精力，但如果有一位领路人，就可以加速这一进程。就墨西哥的 Progresa 项目而言，投笔从政的埃内斯托 · 塞迪略总统就是这样一位引路人。他凭借对学政两界的需求、资源和制约因素的深入理解，实现了一个具有里程碑意义的循证政策倡议。

Progresa 项目（西班牙语意为“取得进展”）于 1997 年启动，是一项有条件现金资助项目（conditional cash-transfer）。这一做法与当时的社会政策截然不同。所谓有条件现金资助，指的是只有在受益人兑现了某些事先约定的前提下，才能获得补贴，例如送孩子上学或定期去看病。在 1996 年，由墨西哥联邦补贴的营养健康项目中大约三分之二是无特定目标对象的统一补贴。超过四分之三的补贴流向了城市地区，使得极端贫困更加普遍的农村地区无法获得充分服务。政府拿出的食品补贴花费大，却没有惠及贫困人口，而且经常被滥用为政治操纵工具，比如，政治家用补贴交换选票等。该国 1995 年爆发的经济危机加剧了对穷人提供更有效支持的紧迫性，但是预算紧缩又带来了额外的制约。

塞迪略总统拥有经济学博士学位，认可通过引入严谨可靠的证据来支持政策制定的做法，也熟悉支持取消普遍补贴的学术研究。塞迪略总统一上任就熟练地“交易”他拥有的新“货币”——在全国开展循证项目的规模化能力。他招募了两位经济学家加入他的政府班子。其中，何塞 · 戈麦斯 · 德莱昂（José Gómez de León）博士担任墨西哥人口协会主席，圣地亚哥 · 利维（Santiago Levy）博士担任财政部副部长。塞迪略总统的首要任务是为服务对象提供切实的利益，因为他的政治信誉取决于此。反过来，这又为这些学者出身的决策者提供了一个平台，让他们可以评估解决贫困代际传递的有条件现金资助项目是否比传统的食品补贴项目更有效。

塞迪略总统、戈麦斯·德莱昂博士和利维博士与政府机构、学术机构、市政府和州政府以及国际发展机构等利益相关方一同工作，将证据生成及整合嵌入 Progresa 项目的架构中。他们共同设计了该项目的推出，包括一组试点，并聘请了一家独立的研究机构进行随机对照试验。尽管这是政府的一个旗舰项目，但直到塞迪略内阁上台的第三年才开始在全国推广，确保在扩大规模之前逐步学习相关概念。

尽管这一做法有望为塞迪略总统提供长期的声誉回报，但它也同时带来了短期的政治挑战：对项目持批评态度的包括一些媒体人，他们认为政府为了进行社会试验性项目而武断地拒绝了一些有需求的家庭。还有一些政策制定者支持可以成为强大政治工具的统一补贴，他们对该项目也进行了强烈抨击。但是塞迪略总统的团队并没有因此退缩，他们将这些噪声看成要在设计中纳入对该项目的影响进行严格和透明评估的原因，目的就是使该项目远离政治博弈的纷扰。

Progresa 项目的拥趸决定把这些共同目标置于自身利益之上，致力于进一步提升其社会影响力。例如，到墨西哥 1997 年 7 月的中期选举时，Progresa 项目本已做好了实施的准备——规划和资金均已到位，但塞迪略政府决定不在选举前启动该项目，以避免将其政治化的嫌疑。

国际食物政策研究所（International Food Policy Research Institute）对 Progresa 项目所做的独立评估发现，这一有条件现金资助项目在儿童教育方面取得了积极的成果。评估还发现，将补贴给予妇女可以增强该项目的效果，不会产生诸如家庭暴力等令人担忧的后果。之后，塞迪略总统的团队很快就开始扩大该项目。到 1998 年年底，受益家庭增长了 5 倍。到 2000 年年底，该项目已覆盖近 250 万户。也许更重要的是，Progresa 项目的影响力评估数据说服了塞迪略总统的继任者维森特 · 福克斯保留该项目。

案例四：加纳的特困人口脱贫项目

尽管 Progresa 项目所展现的协商合作收益颇丰，但这样的协商合作更多展示出的是例外而非常态。我们的一些案例研究证明了证据的线性方法的主导地位及其代价，其中之一就是加纳的特困人口脱贫项目（Graduating the Ultra Poor，下简称 GUP）。该项目说明，当这些努力从一开始就排除了利益相关方时，强化证据的善意之举可能会错过影响实践的重大机会。

GUP 项目是一项随机对照试验（Randomized controlled trial，RCT），于 2010 年至 2013 年进行试点。包括加纳在内，全球共开展了 9 个 GUP，旨在测试由孟加拉国农村发展委员会（BRAC）开发的脱贫方法的有效性。这一方法通过提供一系列精心安排的、有时效的服务来打破极端贫困人口的贫困循环，这些服务包括社会保护、生计和金融服务。扶贫行动创新（Innovations for Poverty Action，下简称 IPA）是美国一家致力于解决全球贫困问题的非营利组织，该机构设计了加纳的这一项目，并与当地一家非营利组织，长老会农业服务组织（Presbyterian Agricultural Services，下简称 PAS）共同实施该项目。

作为一个以极端贫困人口为对象的减贫项目，GUP 建立在由创新的成功干预措施所构成的可靠证据之上。但是，该项目的使命以及对加强全球范围证据的单一关注，使其错过了帮助加纳当地组织 PAS 和加纳政策制定者从 GUP 中学习和生成证据，在加纳扩大项目规模的潜在机会。

在这个项目中，IPA 只专注于如何用 GUP 的随机对照试验来生成旨在将项目方法推广到全球其他情景中的证据。IPA 的主要受众是支持该方法论的全球资助者、研究人员和中介机构。相比之下，由于与 IPA 合作，PAS 的组织架构是按循证实施要求搭建的，它几乎只在加纳境内严格执行该项目。PAS 作为实施方优先满足参与该研究的加纳社区的需求，并期待在随机对照试验结束后延长和扩大该项目。尽管加纳政府批准了该研究的实施，但该研究的设计或执行并没有将政府的优先事项、资源和激励机制积极地纳入进来。

这个项目有两个关注领域：一个是生成能够适用于各种场景的证据，另一个是在加纳国内整合和扩大有证据支持的项目。IPA 和 PAS 试图以不同且孤立的方式分别对应两个领域。如果 IPA 能充分理解在加纳整合和扩大该项目所带来的价值，就可以在项目的第二阶段将重点放在在加纳国内扩大规模，以更积极地支持和整合 PAS 的优势、关系和正当性。IPA 也可以向决策者施压，让其思考如何从 GUP 中受益，并推进其发展。

GUP 采用了线性而非整合的方式。它的首要目标是产生可靠证据，然后才依靠中介机构去寻找决策者和实施者。该案例说明了利益相关方有时会关注自身的个别需求、受众和激励方式，而不是从一开始就寻求与其他利益相关方进行协商合作，从而错失了将证据融入实践的重要机会。虽然该项目的随机对照试验为相关的脱贫方法提供了有价值的证据，但加纳的参与者指出，由于其只关注生成学术上的证据（该项目的既定目标），导致其并未给予其他类别的证据以相同的重视，例如那些来自有关 GUP 的组织影响的现场反馈。只有更加积极关注这些领域，才可能促进当地的能力建设，并帮助扩大该项目。

结语：协商合作有望取得更大成功

要将国际发展援助工作建立在最可靠、有效的证据之上，需要所有利益相关方的积极参与。这么做并不容易：每个参与的利益相关方都会受到一系列激励机制、项目周期、约束条件和其他不可抗因素的影响，而这些都不利于证据的采用。将证据融入政策和实践的失败之事常有。

但是，协商合作的做法有望取得更大成功。每个利益相关方都持有独特且有价值的“货币”和“汇率”，这些“货币”的交换可以开辟许多可能的途径来生成和整合证据。最重要的是，这一努力的回报不仅可以用短期收益来衡量，还可以用对长期目标的贡献来衡量，这才是一个真正将证据融入实践的系统。如此，发展援助工作的服务对象将会得到更有效的帮助。

罗德里戈 · 卡纳尔斯（Rodrigo Canales）

耶鲁大学管理学院组织行为学副教授。

托尼 · 谢尔顿（Tony Sheldon）

社会企业项目（Program on Social Enterprise）的执行理事，耶鲁大学管理学院讲师，参与合写了《从极端贫困到可持续生计》（*From Extreme Poverty to Sustainable Livelihoods*）一书。

托里 · 葛瑞夫斯（Tory Grieves）

专业领域是如何提高应对气候变化的恢复力，拥有耶鲁大学管理学院工商管理硕士学位。

布伦丹 · 莱汉（Brendan Lehan）

咨询顾问，专长是帮助各跨部门组织共同解决复杂的社会问题，拥有耶鲁大学管理学院工商管理硕士学位。

点评

作者：周红云

游戏抽水泵是在21世纪初吸引了大量国际资金，实现了大规模扩张，但最终失败了的发展援助项目。在国际发展援助领域里，类似这样具有良好意愿的失败案例非常普遍。为什么会出现这样的情况？为什么国际发展援助领域已长期致力于循证实践，但仍没有更多地将证据应用于实践之中？

《循证实践在国际发展援助领域的新思路》的作者们对此进行了相关研究，发现了将证据融入实践的过程中存在的许多结构性障碍。这些障碍主要来自两方面：一是不同利益相关方自身的限制，无论政府、公益组织还是研究者，往往缺乏时间、资源、激励机制、技能或者缺乏对情景的理解来自发生成证据，或去寻找和应用其他方生成的证据；二是不同利益相关方在干预措施实施过程中没有共同参与、进行合作协商，各自固守自己的一亩三分地，依赖对问题对象的碎片化和孤立的理解，还可能误解其他利益相关方的观点和需求，在

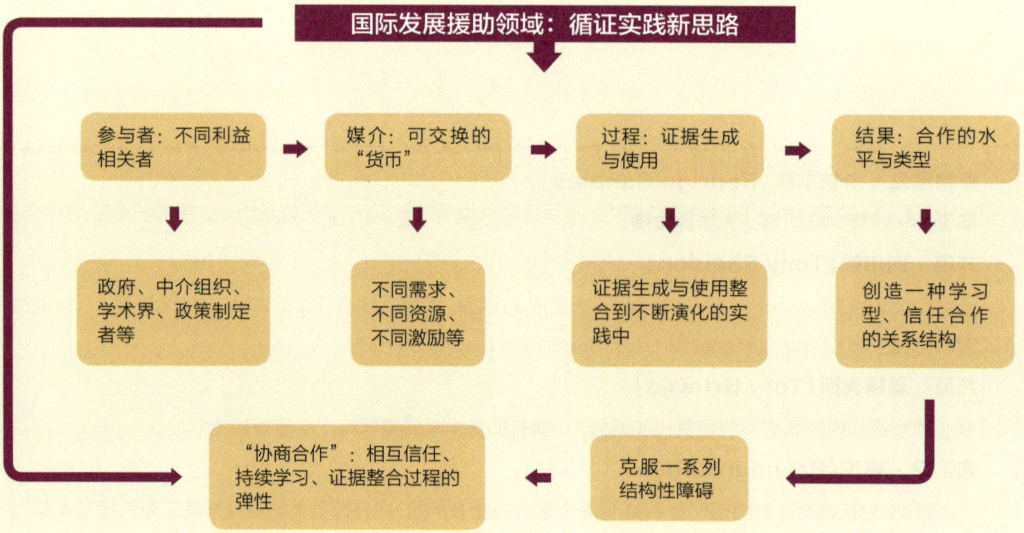

没有信任关系建立的情况下，它们是没有动力和条件将证据融入实践的。为此，这篇文章的作者提出了合作协商架构中的“交换货币”新思路。

这一新思路与2011年首次在《斯坦福社会创新评论》发表的“集合影响力”方法相得益彰，都是不同利益相关方通过一定的机制、方式有机地连接在一起有效解决问题的方法。实现集合影响力的五项条件包括：共同的议题、共享评测体系、相辅相成的行动、持续的沟通与学习、独立且具有支持性的支持机构。在成功的集合影响力案例——美国辛辛那提“从摇篮到就业”以改善所有从幼儿到20多岁年轻人的教育质量的实践中，就应用了协商合作循证决策方法来产生共同评测标准。要保证集合影响力中不同利益相关方能够共同参与进来，“交换货币”可以为参与各方提供在一起持续沟通、学习和行动的合理性、动力和基础，并为消除使用共享评价体系的结构性障碍提供安全、信任的环境。同时，无论集合影响力还是协商合作新型循证实践，都将行动实施过程作为一个共同观察、持续学习和迭代改进的过程，都强调所有参与者的持续沟通和学习。

从这篇文章所研究的案例以及集合影响力的实践，我们观察到一个趋势，即代替各自为战、孤立、竞争、线性模式等方式的整合、联结、合作、互动、形成生态系统的实践正越来越多地出现，为创新性地解决复杂的社会问题提供了更多路径。我国的政策制定者、研究者和实践者对此需要投入更多的关注。

周红云

北京大学中国政治研究中心研究员，北京大学城市治理研究院副院长。

金字塔底层市场的“共创模式”①

作者：泰德 · 伦敦
乌尔斯 · 贾格尔

在低收入市场谋发展的企业往往会走入一个误区，认为需要把高收入、成熟市场的资源拿过来填补低收入市场的各个缺失环节。而事实恰恰相反，这些企业应该通过“共创”的方式，找到低收入市场独特的资源。

在世界大多数人口居住和交易的低收入市场，企业的成功似乎仍然遥不可及。[1]研究人员通常将这一市场统称为BOP，即金字塔底层经济。另一方面，世界银行的数据显示，这一市场约45亿人口每年的消费能力总计超过5万亿美元。联合国将商业部门视为实现其可持续发展目标的重要推动力量，上述两个事实之间的巨大落差着实引人深思。

企业在金字塔底层市场屡战屡败的一个原因是，与经济金字塔中位置更高的市场相比，企业认为低收入市场非常贫瘠。金字塔底层的成员被界定为年人均收入低于3000美元的人群。[2]这类人群所处的市场环境似乎并不发达：有形基础设施和正规机构往往不存在，电子通信和信息技术有限，当地人才很少具备或接受过大多数雇主所期望的资历或培训。为此，许多进入这些低收入市场的企业都强调通过转移在高收入市场中被认为有价值的资源来纠正错误。遗憾的是这种做法对大部分企业来说都不可行，其原因在于一

---

① 原文选自 *Stanford Social Innovation Review*, Summer 2019 Issue，原标题为 Cocreating With the Base of the Pyramid。

个错误的假设，即到底什么才是在低收入市场发展有价值的资源?

事实上，我们的研究表明，当企业能够发现、认可 BOP 市场自身所拥有的丰富资源时，就能取得更大的成功。智利大型餐桌板生产商马西萨（Masisa) 主要从低收入地区购买木材，其首席执行官罗伯特 · 萨拉斯认为 :“我们最大的挑战是提高生产率。为此我们必须找出这些市场提供了哪些资产，才能有效地开展业务。”许多像马西萨这样的企业衡量在低收入市场中成功与否的方式与在所有其他市场的衡量方式一样 : 根据生产率和财务回报等指标。正如萨拉斯所说，企业的目标不是去重新定义在 BOP 市场的长期成功，而是建立一种能找到这些市场有价值资源的方法。

我们对进入拉丁美洲低收入市场采购或分销产品和服务的跨国公司、本地公司的研究表明，成功企业有效使用了这些市场中已有的五类资源 : 经济资源、知识资源、领导力资源、网络资源和创新资源。我们的研究结果还表明，识别和使用这些资源需要一个根本性的战略转变，那就是专注于发现正确的东西，而不是去纠正市场的错误。

几十年来，许多企业和援助发展项目在进入低收入市场时采用的是“转移模式”。无论总部设在国内还是国外的企业，为了填补低收入市场环境中的明显缺口，都认为应该采用转移在高收入环境中被证明有价值的技能、能力和资源的方法。例如，雀巢旗下的婴儿食品生产商嘉宝针对哥斯达黎加的低收入市场，将其现有的农业技术和营销手法转移给当地的有机香蕉生产商，而没有首先分析那里除了香蕉之外还有哪些其他资产可能可用。嘉宝认为，只有从高收入市场才能获取关键性的专门知识和领导才能，却忽略了社区领袖的存在。这些人本可以在多个领域大显身手，在提供左右生产率的具体环境因素的咨询意见的同时，也可以在实施过程中帮助企业获得信任。嘉宝在项目第一阶段只实现了与一小部分目标生产商的合作，在改变战略、吸纳并接受社区领袖的参与之后，才取得了重大进展。

找出低收入市场的问题所在，将高收入市场有用的东西拿到低收入市场来，这么做听上去似乎挺有道理。BOP 市场贫瘠，其成员可支配收入有限。[3] 这些成员拥有的物质资产（例如土地、农场牲畜、生意和家庭）通常都是隐形的，因为所有者往往缺乏法律文书上的所有权。[4] BOP 市场的成员识字率低，大众传播和分配机会似乎不足。[5] 此外，界定商业交易的界限并提供保护的正式法律或规则可能缺失或难以推行。[6]

然而，我们的研究表明，在公司试图挖掘低收入市场的潜力时，转移某事以及片面重视对欠缺资源的补充往往更容易导致失败。与之相比，另一种更具包容性的战略展现出更大的前景。那就是企业与金字塔底层的成员合作，发现、合理利用底层市场现有的资产，“共同创造”解决方案。[7] 我们在这个语境下将“共创”定义为一个基于透明度和互惠互利的过程，在这一过程中，企业和金字塔底层的成员作为相互尊敬的伙伴一起合作，建立一个成功的业务模式。

小额金融行业推广了共创的一个常见案例。[8] 虽然低收入市场的潜在借款人可能缺乏传统银行模式所需的实物抵押，但他们确实有大量的社会资本抵押。通过转移模式解决土地争端、划定边界和建立正式的所有权程序，是一项代价高昂、耗费时间的高难度工作。与此相反，许多小额信贷公司采用集体贷款模式，承认社区成员之间的社会纽带是另一种抵押资产。

尽管企业家们明白小额信贷奏效的具体原因，但他们并没有将这一例子转化为低收入市场更具普遍性的战略思维。[9] 研究领域也是如此。2004 年，泰德 · 伦敦（本文的合著者）和斯图尔特·哈特提出，企业应与金字塔底层经济共同合作，来了解哪些资产已经在这些市场发挥作用，避免无意识地采取“西方化”的做法，单方面界定这些市场应该如何运作。[10]然而，他们没有对哪些资产在低收入市场最为有用提供更具体的战略分析。2011年，FSG顾问约翰·堪尼亚和马克·克拉默在《斯坦福社会创新评论》发表了关于“集合影响力”的想法，并提出了与金字塔底层和低收入市场伙伴组织成功合作的条件。[11]但这篇文章也很少谈到“内容”，例如这些合作应该针对市场中已有的哪些资产。[12]此类研究缺口到今天仍持续存在。

在下文中，我们扩展了集合影响力和其他共创模式，主张成功的企业应该做三件事：（1）承认和尊重金字塔底层的成员是知识和技能的宝贵来源；（2）认可低收入市场不是一个充满亟待解决的问题的环境，而是一个资源丰富的环境；（3）发现并合理使用这些市场中已经存在的五种资源，促进建立健全的商业模式。

“共创模式”的两个成功案例

五年来，我们研究了拉丁美洲的低收入市场。通过研究和访谈的方式，我们收集了43个企业的案例研究。[13]正如我们所预料的那样，这些企业中的一部分获得了成功，而另一些企业却并没有那么顺利。我们发现，那些进入低收入市场的企业普遍依赖转移模式，对BOP市场成员的能力、市场已有资源所提供的机会存有偏见，试图利用为高收入市场开发的资源和专业知识来解决低收入市场的问题。

在成功案例中，我们发现它们都采取了共同创造的手法。这些企业不认为BOP市场的成员需要它们的帮助，反倒把它们视为企业开拓商业模式的伙伴和顾问。同样，这些企业也没有把BOP市场视为乏善可陈的不毛之地，而是强调发现和利用这些市场所拥有的五种资源中的一部分或全部的重要性（具体参阅73页中的“转移模式与共创模式之比较”）。接下来，我们通过两家阿根廷胡胡伊省（Jujuy Province）运作的公司的详细例子来说明共同创造的模式。第一家公司名叫USound，由当地企业家创办，将产品卖给世界各地的BOP市场。第二家叫作Warmi，从低收入生产者那里购买产品，然后销售到国际高收入市场。

USound: 发现BOP市场的独特资源

USound是一家销售新型低成本助听器的公司，由埃兹基埃尔·埃斯科瓦尔和他的三名MBA（工商管理硕士）同学于2015年创建。四名创业者都来自阿根廷最北部的胡胡伊省（占地53219平方公里，居民约为67.3万人），该省北面与玻利维亚接壤，西面与智利接壤，东面和南面与阿根廷萨尔塔省接壤。

阿根廷北部一直是该国最贫穷的地区，胡胡伊省也不例外。胡胡伊省具备拉丁美洲发展中国家的典型特征：原住民人口众多，移民流动性很大。该地区的互联网速度慢且不稳定，但许多当地人都能通过有着基本功能的智能手机和负担得起的使用套餐，与世界其他地区连接。当地原住民和“白人”群体之间的收入与文化差异造成了社会紧张，这对企业来说是一个障碍。鉴于这种复杂的情况，许多公司避开该地区，认为这些问题太难解决，而忽略了那里的有用资源。

转移模式与共创模式之比较

采用共创模式需要改变公司的传统战略思维方式。

	转移模式	共创模式
市场进入策略的主要视角	为金字塔底层创业	与金字塔底层一同创业
发现商机的主导视角	负向：修复错误之处	正向：利用正确的东西
对重要资源的理解	将高收入市场中有价值的资源转移到低收入市场中	找到低收入市场本身具备的高价值资源
针对低收入市场中各类资源的主导观点		
经济资源	低收入市场的消费者和生产者缺乏金融资源	低收入市场的消费者和生产者有可支配性收入。这些收入通常可通过可获取的信贷、汇款以及他们自己的劳动和生产而得到补充
知识资源	低收入市场的人群缺乏教育和商业知识	低收入市场中的人群拥有可以填补商业模式中缺失环节的专业知识，同时他们也可以在业务发展方面提供咨询建议
领导力资源	低收入市场中的人群很难被影响，这使得其行为模式很难发生改变	受尊敬的当地社区领袖可以对当地的决策产生重大影响
网络资源	由于低收入市场的孤岛化，很难在社区内部和社区之间建立联系并得到发展	低收入市场包含各种促进个人和社区之间交流的无障碍平台
创新资源	低收入市场不具备有利于创新的基础设施	低收入市场基础设施和制度性发展的特质为在当地进行相关创新提供了各类机遇

经济资源：埃斯科瓦尔和他的创业伙伴了解到，世界上 5% 的人患有听力问题，而 BOP 市场的消费者大部分负担不起昂贵的助听器。USound 的工作人员根据他们在贫民窟的经验了解到，这些低收入的消费者可以为自己所看重的产品支付少量的费用。想要利用这一资源，USound 必须提供一个让低收入消费者负担得起的设备和支付机制。

领导力资源：埃斯科瓦尔出身于一个贫困的原住民家庭。尽管 USound 的创始人们有机会从阿根廷最贫穷的地区搬到波士顿，但他们还是决定不舍弃梦开始的地方。虽然面临着电力和互联网的缺口等问题，但他们相信，在胡胡伊省所发现的创新力量能够最大限度地发挥公司的创新优势和市场竞争力。

知识资源：埃斯科瓦尔开始吸引更多来自该地区的年轻人，他的追随者们在企业成长的过程中展示出了创造力和毅力。随着 USound 的稳步发展，埃斯科瓦尔和他日益壮大的团队成为当地的模范，能够影响政府机构，为 USound 和其他进入该地区市场的企业谋求更多的福祉。

创新资源：USound 所在的省会圣萨尔瓦多德胡胡伊有一所开设编程课程的大学。为了建立适合低收入市场的产品和相关商业模式，USound 聘用了具有基本计算机技能的年轻人。由于大多数编程课程都可在线获取，USound 的新员工开始进行自我培训，反过来为 USound 的创新添一分力。

网络资源：USound 逐渐引起了有意支持低收入市场发展的各相关方的兴趣，如省级和国家级政府机构、国际非政府组织、地方大学、布宜诺斯艾利斯投资者和来自阿根廷各地不同收入背景的年轻人。埃斯科瓦尔意识到 USound 有可能将这些被隔断的群体连接起来。通过组织各类组织和个人的工作坊，他利用这一网络资源来探索新的商业创意，最终在胡胡伊建立了一个创业中心，吸引有才华的年轻专业人员，并促进 USound 和其他当地公司的创新。

在取得初步成功之后，这家创业公司现在准备探索如何利用当地资源进一步扩大规模。

Warmi：化解当地的特殊矛盾

社区领袖罗萨里奥 · 奎斯佩是合资企业的创始合伙人

Warmi 是阿根廷美洲驼绒服装的生产商与原住民经营的合作社共同组建的合伙公司。合作社负责协调普纳（Puna）地区的产品供应链。普纳地区是胡胡伊省科亚人（Coya）的聚集区。该聚集区截至 2010 年共有 42541 人，海拔在 1500 至 6000 米之间，平均每平方公里不到 1 人。大多数科亚人没有正式工作，其中近 95% 的人口享受不到政府福利，50% 以上属于极端贫困人口。然而，普纳拥有独特的自然环境，科亚人有着与骆驼纤维打交道的浓厚文化传统。

许多企业不愿涉足该地区，因为它地处偏远，同时原住民的科亚文化与基于移民历史的阿根廷文化之间也存在着很大差异。Warmi 是个例外。阿根廷商人胡安 · 科拉多和四位富有的阿根廷人、科亚当地的社区领袖罗萨里奥 · 奎斯佩决定联合投资 Warmi，他们利用以下 5 项资源建立了一个成功的企业。

阿根廷普纳地区科亚原住民社区成员生产的美洲驼绒服装或羊毛服装

经济资源：普纳的 4 万多名原住民几十年来一直都在生产被视为高质量原材料的驼绒，但他们并没有定期出口这些材料，还经常被中间人剥削，大部分利润都归中间人所有。Warmi 采取了不同的做法：它设法以透明和可靠的方式从原住民社区购买原材料。通过控制价值链上的更多环节，该公司可以以更低的成本向当地生产商提供更好的价格，并建立稳定的采购流程。

领导力资源：罗萨里奥 · 奎斯佩是一位社区领袖，几十年来保护原住民社区不受“白人势力”的侵入。她还为普纳妇女建立了一个协会，以支持她们的经济进步。Warmi 的使命符合这一愿景，她加盟成为创始合伙人。由于奎斯佩在当地受到尊重，并在国际上享有盛名，Warmi 从她的领导才能中受益，为公司赢得了支持。此外，胡安 · 科拉多还有一位朋友是胡胡伊省的“白人”妇科医生，胡尔迪 · 格兰达自愿在普纳工作了几十年。由于他的工作和在当地社区治疗宫颈癌的口碑，格兰达医生在原住民社区中取得了很高的地位。以医生朋友的身份被介绍进当地社区，使得科拉多在原住民社区中获得了最初的信任。

知识资源：普纳地区的原住民有与骆驼共生同作的悠久历史，与自然有着深厚的关系，具有强烈的社区归属感。Warmi 认为这些传统是一种资产，有利于其产品和营销。高品质的驼绒披风附上普纳地区及其人民丰富的文化故事，是一种独特的产品。Warmi 的投资者也会在服装设计、营销和生产方面征求原住民的意见。Warmi 将这些当地专家与在高端市场有经验的生产和营销专家聚集在一起，讲述普纳的故事，同时推广该产品。

创新资源：Warmi的领导团队了解胡胡伊省作为一个繁荣的纺织工业发源地的历史。由于经济增长缓慢，大多数纺织品企业如今已经破产，但机器和厂房还都在。经过适当维护，这些基础设施便足以开始生产。Warmi刚开始是在靠近地区首府的地方进行生产，自2018年以来则是在普纳的科亚人社区之内。此外，一个为参访者和游客而建的博物馆也即将开业。通过展示纺织公司的旧机器，让公众了解纺织用具和生产过程的历史，这么做有助于提高Warmi的认知度，建立起一个具有丰富文化内涵和相关性的产品的独特形象。

网络资源:在胡胡伊省的“白人”和普纳原住民之间牵线搭桥似乎是一项艰巨的任务，因为他们之间的鸿沟已经存在了500多年。种族主义仍然对当地社会有很大的影响，阿根廷北部和普纳的白人阶层对于不同种族的容忍度很低。另一方面，双方都有许多人正在试图改变这一现状，Warmi的领导层看到了机会：普纳驼绒的采购、生产和分销的实现需要原住民社区和胡胡伊省的富人之间相互理解，达成一致。巧合的是，毛里西奥·麦克里总统和他的中右翼亲共和党（Propuesta Republicana）当时正在寻找一个2015年的商业成功故事。Warmi抓住机会分享了它在原住民社区和“白人”社区之间建立网络的成功经验，利用这一网络资源获得了政府的支持。

共创模式所需的五大资源

以上例子表明，在转移模式可能失败的情况下，企业可以通过共同创建来构建业务，像 USound 和 Warmi 这样的公司一样去尊重，而不是批评或漠视 BOP 的成员和 BOP 市场。共创模式取得成功的一个重要组成部分是发现、利用许多低收入市场上可见的五种资源（见第 79 页“共创模式”）。接下来，让我们逐一分析。

埃斯科瓦尔和他的合作伙伴最初试图帮助一位听力受损的同学。他们开发了一款应用程序，让他将手机作为助听器使用。程序开发非常顺利。四个创业伙伴在胡胡伊省成立了一家公司，将他们的创新带入市场。USound 将其设备作为应用程序－耳机套件在网上销售，其价格不到其他助听器的 20%。到 2016 年年中，该应用程序已在 150 个国家和地区被下载超过 25 万次。

我们发现，USound 的成功在于它系统性地识别和利用了当地市场上的 5 种资源。

共创模式

企业在低收入市场可以利用 5 种资源实现可持续发展。

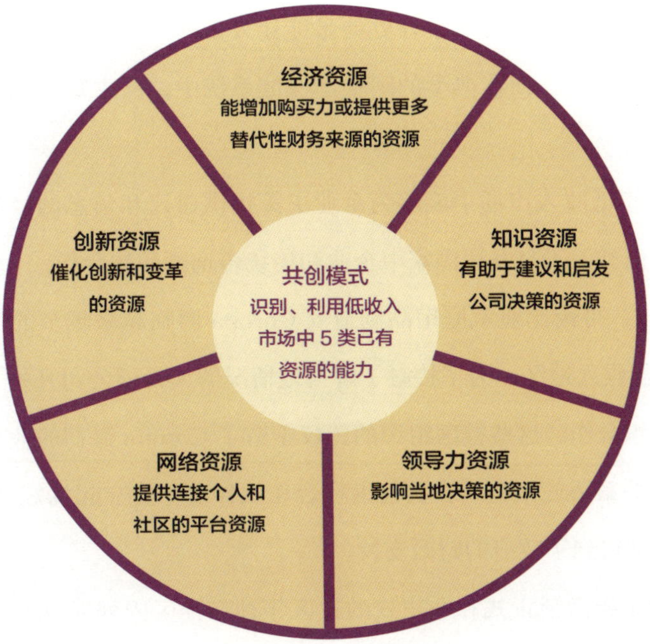

经济资源是指低收入市场中可能提高购买力或提供获得替代性金融资源的资源。我们的数据表明，这一资源有几种不同的形式（具体例子参见第 82 页“找到低收入市场的资源”）。它们包括当地消费者和生产者现有的资产、他们在必要时可以获得的资产以及可以提供服务的资产。

例如，上面提到的妇科医生在阿根廷低收入市场建立了一个私营保健系统。许多阿根廷医生过去因为病人很少能够负担起私人保险而头疼。格兰达从另一个角度入手：他认识到，虽然低收入市场的病人只能负担很少的医疗服务费用，但他们可以在得到服务后立即付款。这在阿根廷的保健制度中是一个重要的优势：因为阿根廷保健体制内的医生必须提交保险理赔，往往要等几个月才能得到报销，有时甚至根本得不到任何付款。格兰达创办的私营保健系统的另一个好处便是能让大量的人获益，并通过更多、更快付费的客户赚取更多的收入。而在典型的阿根廷保健系统中，医生每天只能接待少数具有私人保险的病人。

知识资源是指低收入市场中能够为企业决策提供建议和信息的经验、技能及专业知识。这在某些方面类似于与发达国家中企业和传统咨询顾问的合作。

例如 2004 年，哥伦比亚家庭用品制造商 Corona 面临越来越多的竞争者，决定进入一个新的市场：低收入地区。为了接触了解当地情况的人，该公司开始与在这些社区工作多年的非营利组织合作。这些社区组织的建议塑造了 Corona 最初的业务发展模式，与非营利组织的合作关系还使该公司在其他潜在合作伙伴之中建立起良好的信誉。Corona 的大部分启动成本都得到了政府的财政支持。

领导力资源是指激活正式和非正式的社区领袖在社区内外低收入市场中的地位和影

响力，从而实现决策改进。德国生产有机婴儿食品的家族企业 Hipp 为我们提供了一个领导力资源的范例。Hipp 的一种产品需要用到有机香蕉。有机香蕉的一个优质来源是哥斯达黎加南部的一个原住民群体 Bribri。他们生活在保护区内，在那里保持着自己的传统文化，很少接受来自外部世界的“白人”。所以即便是哥斯达黎加的街头小贩，都很难从这个社区稳定地获取大量的有机香蕉，就更不用说像 Hipp 这样的外来买家了。Hipp 与生活在 Bribri 保护区内的一位德高望重的成员达成合作，并随后聘用他来管理公司的供应链。通过在供应链中引入一位在当地地位崇高的人士，Hipp 打败了竞争对手，获得了所需的有机香蕉。

网络资源是连接低收入市场中的个人和社区的平台。在这些市场中，正式或非正式的关系和组织都能将不同的人群捆绑在一起。

秘鲁利马有一些家庭靠收集垃圾来维持整个家庭的生计，对于在哪里能找到他们需要的东西了如指掌。但这些家庭自身在垃圾回收交易中几乎没有话语权，而且通常也得不到政府福利。阿尔比那 · 鲁伊斯是健康城市（Ciudad Saludable）的创始人，她看到了由这些家庭形成的一个强大的网络，可以帮助实现清理利马街道的愿景。为了给这些家庭创造一个更强大的市场，健康城市开始让这些非正规垃圾回收商职业化，并为他们提供培训。此外，鲁伊斯还创建了一个被她称为“信任桌”的小组，成员包括政府官员和其他相关各方的代表，他们共同起草了一项法律，将秘鲁以及后来在其他拉丁美洲国家的垃圾回收商确定为一个正规职业。这样一来，回收商们得以更容易地出售各自的产品。

创新资源侧重于能够促进创新和变革的低收入市场资源。安德烈斯 · 巴尔迪维索是智利人，他利用创新资源创建了 Toth 公司。该公司依靠技术平台，针对 BOP 市场提供低

找到低收入市场的资源

BOP 市场可用于共同创造的 5 类资源的细分和例子。

经济资源	说明	例子
创业	收入源自销售消费品	在阿根廷的购物中心地带降低成本，增加销量
产量	收入源自销售农产品或手工艺品	农村社区种植稀有或需求量很大的农产品，如有机香蕉
劳动力	就业机会	企业支付正规和临时的工作
财产	可以在市场上出售的正规或非正规的资产	在哥斯达黎加，许多金字塔底部的成员是土地的事实所有者，他们还拥有产业、牲畜、房屋和其他有价值的资产
获得信贷	社区的支付意愿和支付能力	阿根廷医疗保健公司 Humana 打造了一个社区信贷模式，例如，一个家庭可以得到高质量的保健服务，并用所在社区的捐款进行支付
汇款	家庭成员住在其他地区，定期寄钱回家	RAFCASA 是尼加拉瓜的一家房屋建筑公司，向低收入客户销售其产品，从他们国外亲属那里直接获得汇款转账
领导力资源	**说明**	**例子**
社区领袖	当地社区领导人	为了获得足够数量的可靠原材料，有机婴儿食品公司 Hipp 与一位在社区中享有很高地位的当地领导人合作
宗教领袖	许多宗教领袖在政治上是温和的，可以影响低收入社区的一部分人	嘉宝从哥斯达黎加的原住民社区 Bribri 购买有机香蕉。Bribri 人信仰他们的神 Sibu，他们相信 Sibu 存在于所有事物中，包括有机香蕉。嘉宝通过与 Bribri 的宗教领袖合作，了解到宗教如何影响产品的生产，获得了社区的认可
女性领导人	在男性主导的文化中取得成功的妇女可以具有很大的影响力，特别是对其他女性	雅芳哥斯达黎加公司主要通过女性销售代表推销其产品。这不一定是公司的初衷，也不仅仅是为了公司的形象。雅芳的经验是，女性往往是更好、更可靠的销售人员
知识资源	**说明**	**例子**
非正规职业，传统知识	向他人传授传统技能和知识的当地专家	学徒制将知识代代相传，例如，在尼加拉瓜的农村地区，奶牛场的农民向下一代传授农场的基本知识
低收入市场的知识	了解低收入市场固有机会的当地专家	阿根廷足球运动员法比安 · 费拉罗（Fabian Ferraro）在布宜诺斯艾利斯的贫民窟长大，他回到家乡后，就帮派势力如何帮助或阻碍当地公民所需的服务向社区提供建议

跨界知识	了解高收入和低收入市场运作方式的当地专家	在秘鲁，一位咖啡合作社的领导熟悉国际投资者的运作方式，也熟悉当地的低收入市场，他拥有的知识使他能够建立两者之间强有力的合作关系
创新资源	**说明**	**例子**
运用“可修复的”技术	现有技术可被翻新或重新被利用	智利一家公司 Toth 与低收入社区合作，修复被弃置在垃圾场的电脑，使这些社区的人能够使用互联网，在网上获得免费信息
访问本地信息	广播电台和电视台向当地社区传播信息	在哥斯达黎加的一个农村低收入市场，社区有自己的电台，通过该电台向其 1 万名成员报道实时问题
访问非本地信息	互联网的接入，可以以合理的价格向社区提供它需要的信息	在秘鲁的 Chanchamayo 低收入市场，农业生产者可以在网上获得关于如何在他们的农场使用豚鼠粪便的信息，这大大提高了他们农作物的产量
访问移动平台	移动电话为其他技术人员提供了连接的方式和平台	Conexia 是一家阿根廷的医疗保健公司，为阿根廷、巴拉圭和哥伦比亚的低收入市场开发了实时的护理方案，通过一个在线平台将医生、病人和医疗保健提供者连接起来，从而能够更好地协调护理工作，更快地做出决策
网络资源	**说明**	**例子**
社区网络	支持低收入社区特定群体的地方组织，通常有着明确的社会使命	在哥斯达黎加，一个约有 1 万名成员的贫困原住民社区出现了家庭暴力问题。一位妇女决定成立一个妇女旅游协会，该协会也将作为妇女的保护空间。她利用自己的社会资源，支持旅游经营者参观原住民保护区
政治网络	倡导有利于低收入社区的政策和法律法规的本地机构	巴西企业家塔索 · 阿佐维多希望与当地社区合作保护亚马孙地区。多年来，他一直与政府协商，最终成功通过立法。为了加强实施过程，他随后启动了一个非营利组织，以帮助企业遵守新法
商业网络	聚合低收入市场生产者的生产或购买力的地方组织（例如：合作社）	菲利克斯 · 马林是秘鲁 Chanchamayo 咖啡合作社 Coophebi 的创始人，致力于克服由于光辉道路组织与政府军冲突在当地遗留下来的紧张局势。在重建社区纽带和加强当地商业的同时，他开始在其他地区建立合作社
文化网络	保护特定的社区遗产或传统的地方组织	罗萨里奥 · 奎斯佩创建了一个原住民社区遗产和传统的保护协会，从而激励年轻成员留在当地，而非移居到城市当中。Warmi 看到了她对新一代美洲驼生产者的影响，并寻求她作为伙伴，帮助维持公司获得原材料的渠道

成本的医疗服务，包括管理处方药的家庭护理平台。为了开发和监督这些技术平台，巴尔迪维索从贫民窟雇用了年轻的“专业人员”，他们都是利用回收并修复的旧电脑自学成才的编程专家，使用餐馆的 Wi-Fi 区域获得互联网接入并接受免费的在线培训。巴尔迪维索之所以雇用这些专业人员，而不是其他受过较传统 IT 培训的专业人员，正是因为前者对非正规市场有着深入了解，能够帮助 Toth 的产品适应当地客户的需要。

你准备好与 BOP 共创了吗?

我们的研究表明，采用共创模式可以促发低收入市场的商业成功。为了有效地使用这种方法，企业领导必须对 BOP 市场成员的知识和技术予以充分肯定，善用低收入市场能够提供的资源。如果运用得当，共创模式可以解锁那些依赖于转移模式的企业所忽略的资源。

熟悉高收入市场运营的管理人员可以通过回答以下问题，来评估自身是否已经准备好在低收入市场进行共创。

- BOP 市场的成员将在战略的设计和执行中扮演什么角色?
- 这个策略主要是基于纠正错误，还是基于采用正确的方法?
- 当公司描述低收入市场时，是强调可能发生的问题还是可以利用的资产?
- 公司在哪里可以找到建立一个强大的商业模式所需的资源?

我们的研究结果表明，如果企业领导层愿意采纳共创战略，他们就能找到低收入市场上的特定资源，并从中受益。乍看之下，这些资源可能并不明显。但共创意味着企业的领导团队不必单打独斗，他们应征求低收入市场伙伴的意见。

为了评估准备情况、测试团队的创造力，企业领导团队可以思考以下问题。

- 消费者和生产者拥有哪些可以提高购买力或提供更多的替代性金融资源的经济资源？
- 当地专家有哪些知识资源可以为公司决策提供建议或信息？
- 社区有哪些领导资源可以影响社区其他成员的决定？
- 低收入市场有哪些网络资源可以创建连接个人和社区的平台？
- 低收入市场有哪些创新资源可以促进变革？

低收入市场存在商业机会，但企业领导层必须首先认识到这些机会。采取共创模式可以为企业创造新的增长机会，为实现联合国的可持续发展目标做出贡献。包容性的手法也有助于扭转企业与 BOP 市场成员之间现有的权力失衡。只有相互尊重，建立一种重视和发扬 BOP 市场已有资源的合作模式，才有可能走向成功。

注释

1 Fernando Casado Cañeque and Stuart L. Hart, eds., *Base of the Pyramid 3.0: Sustainable Development Through Innovation and Entrepreneurship*, Sheffield, United Kingdom: Greenleaf, 2015.

2 Allen L. Hammond et al., *The Next 4 Billion: Market Size and Business Strategy at the Base of the Pyramid*, World Resources Institute, 2007.

3 Hammond et al., *The Next 4 Billion.*

4 Hernando de Soto, *The Mystery of Capital: Why Capitalism Triumphs in the West and Fails Everywhere Else,* New York: Basic Books, 2000.

5 Madhubalan Viswanathan and José A. Rosa, "Product and Market Development for Subsistence Marketplaces: Consumption and Entrepreneurship Beyond Literacy and Resource Barriers," *Advances in International Management*, vol. 20, 2007.

6 Hernando de Soto, *The Mystery of Capital.*

7 Cañeque and Hart, *Base of the Pyramid 3.0.*

8 Mohammad Yunus, *Banker to the Poor: Micro-Lending and the Battle Against World Poverty*, New York: PublicAffairs, 1999.

9 Ted London and Stuart L. Hart, *Next Generation Business Strategies for the Base of the Pyramid: New Approaches for Building Mutual Value*, Upper Saddle River, New Jersey: FT Press, 2010.

10 Ted London and Stuart L. Hart, "Reinventing Strategies for Emerging Markets: Beyond the Transnational Model," *Journal of International Business Studies* vol. 35, no. 5, 2004; Stuart L. Hart and Ted London, "Developing Native Capability: What Multinational Corporations Can Learn from the Base of the Pyramid," *Stanford Social Innovation Review vol.* 3, no. 2, 2005.

11 John Kania and Mark Kramer, "Collective Impact," *Stanford Social Innovation Review* vol. 9, no. 1, 2011.

12 Paul C. Godfrey, *More Than Money: Five Forms of Capital to Create Wealth and Eliminate Poverty*, Stanford, CA: Stanford University Press, 2014. Godfrey recognizes the importance of several types of capital in the context of poverty. His focus, however, is on individuals and how they can be leveraged to build self-reliance, rather than on the level of the market and how it can be leveraged to build companies.

13 Between 2011 and 2016, we studied for-profit companies and market-oriented nonprofits operating in low-income markets. The research project included three main phases. First, we conducted 85 interviews with social entrepreneurs associated with VIVA Idea, an organization that works with business sustainability leaders across Latin America, to better understand what assets they use when operating in low-income

markets and how they identified them. We selected our interviewees based on focus groups with VIVA Idea’s experts, who helped us identify companies with the greatest experience in these markets. Second, we executed a secondary analysis of cases of relevant companies. To do so, we first reviewed 25 databases, including case studies provided by INCAE Business School, Emerald Emerging Markets, Harvard Business School, and the European Case Clearing House, for cases of companies operating in low-income markets in Latin America. We ended up with 43 cases of varying degrees of market success and analyzed the strategies of each company. Finally, over the five-year period of our study, we organized three conferences with select organizations and renowned international experts on business strategies and low-income markets with whom we shared our findings. Based on the feedback we received, we revised and refined our analyses, formulating two different perspectives—cocreation versus transfer—as well as identifying five specific types of assets that successful companies leverage in their cocreation endeavors.

泰德 · 伦敦（Ted London）

密歇根大学罗斯商学院的教员，威廉·戴维森研究所的高级研究员，《金字塔底层的承诺：建立具有影响力和规模的企业》一书的作者。

乌尔斯·贾格尔（Urs Jäger）

INCAE商学院（排名第一的拉美商学院）副教授，Viva Idea研究主管，与维贾伊·萨特（Vijay Sathe）合编了《拉丁美洲市场的战略和竞争力：可持续发展的前沿》（*Strategy and Competitiveness in Latin American Markets: The Sustainability Frontier*）一书。

点评

金字塔底层市场的“共创模式”应得到更多关注

点评人：刘鹰

本期《斯坦福社会创新评论》文章《金字塔底层市场的 “共创模式”》一文关注每年消费能力超过5万亿美元的金字塔底层即低收入人群市场。这些人群所处的市场环境不发达，有形基础设施和正规机构往往缺乏，电子通信和信息技术有限，当地有资历和经过培训的人才很少。面对这种情况，作者注意到有两种不同的应对方法：一种是“转移法”，即为了填补低收入市场环境中的明显缺口，相关公司将在高收入环境中被证明有价值的技能、素质和资源带进低收入人群市场；另一种是“共创法”，即进入的公司与金字塔底层的成员合作，识别该低收入人群市场可利用的“资产”，共同创造解决市场经营难题的方法。

由于金字塔底层的市场缺乏正式确立的法律所有权、识字率低、公共设施缺乏，在交易中能够划定产权并提供保护的正式法律或规则难以推行。因此，作者的研究表明，将高收入市场的成功方法“转移”到低收入市场是不成功的。

作者将“共创模式”定义为一个基于透明度和互惠互利的过程。在这一过程中，公司和金字塔底层的成员作为互相尊敬的同事合作，识别和利用低收入市场的资产，以期建立一个解决金字塔底层市场成功的商业模式。

这篇文章的长处是在5年的时间内收集了43个案例研究。作者试图从将产品销售到低收入市场和购买低收入市场生产的产品的两个案例分析中，寻找和鉴别低收入人群的5类资产（经济资产、领导力资产、知识资产、创新资产和网络资产），我非常同意和支持他们的这种努力。然而，令笔者感到非常遗憾的是，他们的分析虽有案例，但缺乏数据支持。比如说，在这43个案例中，到底有多少企业创业成功并能进行可持续发展、创造了多少收入、销售什么产品，等等。没有这样的事实，很难证明“共创模式”的成功。

另外，笔者想分享一下国内阿里巴巴“淘宝村”的经验。“淘宝村”通过发挥“网络包容”

的技术优势，让金字塔底层的草根企业家在网络平台上低成本创业，发挥创业带头人的示范效应；借助社区当地政府部门、其他非政府组织或其他营利和非营利组织的资源配置力量，低收入人群会焕发极大的创新力，逐渐形成具有显著生机的产业链和消费市场。我希望研究者对互联网和数字技术对金字塔底层人群市场的重大影响给予更多关注。

刘鹰

清华大学华商研究中心教授、副主任。

密苏里模式：应对创伤的系统性变革新视角[1]

作者：帕特西 · 卡特
安德里 · 布兰科

越来越多的研究表明，不良经历和长期压力，尤其是儿童期的压力，会损害发育中的大脑。尽管创伤领域日新月异的科学研究为如何解决棘手的社会问题提供了新的思路，但实现系统性变革仍然荆棘满布。“创伤知情型”手法能够减少创伤对个人和社会造成的长期影响。“密苏里模式”以创伤科学为基础，制定了一个分阶段理解、应对创伤的框架以及衡量各阶段进展的改善指标。

当今美国的卫生、教育和社会服务系统让美国人民大失所望，这已经不是什么秘密了。美国婴儿死亡率高于大多数发达国家，而且这一差距还在进一步扩大。与其他 35 个经合组织(Organizations for Economic Co-operation and Development，OECD)国家相比，美国儿童的教育成绩排名非常低。美国的监禁率也远远高于其他国家，由于大量精神病医院关门，监狱已经成为精神病患者的“收容所”。代际贫穷和暴力持续存在，而且在长期面临种族歧视的群体中尤为明显。最近，阿片类药物的滥用问题再次凸显了当今美国社会问题的错综复杂。

---

① 原文选自 *Stanford Social Innovation Review*, Summer 2019 Issue，原标题为 A Trauma Lens for Systems Change。

尽管大多数相关的社会服务和教育类项目对服务人群有帮助，但还是有部分人深陷其中无法自拔。随着时间的推移，这一现状强化了一种错误的观念，即社会问题的本身在人，与社会环境无关。

对创伤的科学研究为理解、应对传统社会服务项目难以处理的社会问题开辟了新的渠道。从 1998 年美国疾病控制和预防中心发表的童年负面经历（Adverse Childhood Experiences，简称 ACE）研究开始[①]，越来越多的研究表明，不良经历和长期压力，尤其是儿童期的压力，会损害发育中的大脑。反复暴露在可感知的危险中会改变脑细胞之间的联系，刺激体内的激素。这些生物性变化会随着时间的推移而累积，并可能对情绪功能调节能力、身体健康以及教育、育儿和就业等各方面的表现产生长期影响。表观遗传学领域的研究甚至表明，创伤可能会代代相传。

遗传和环境的综合影响决定了身心的健康程度，这有助于解释为什么遭受相同创伤的个人或群体所受到的影响会不一样。如果没有认识到反复创伤对当事人产生的生理影响，那么相关治疗以及当事人所在的环境不仅可能于事无补，甚至还会导致当事人遭受二次创伤。虽然越来越多的健康医疗组织开始提供以循证为基础的创伤治疗，但是仅靠

---

① 美国疾病控制和预防中心－凯撒健康计划和医疗集团"童年负面经历研究"是有关儿童虐待与照管不良、家庭挑战以及晚年健康和福祉的最大规模调查之一。最初的童年负面经历研究是在 1995—1997 年依托于凯撒医疗集团而进行的，共分为两次大型的健康数据收集。来自南加州超过 17000 名健康维护组织成员接受并完成了有关他们童年经历和当前健康与行为状况的保密性调查。研究成果以"儿童期虐待和家庭功能障碍与成人许多致死因素间的关系"为题进行发布。详见《美国预防医学杂志》，第 14 卷，第 4 期（1998 年 5 月），245-258 页。——译者注，下同

治疗并不能消除服务性组织激发创伤反应的风险，也不能应对创伤被揭开后的后果。为了应对这些系统性的问题，相关的服务性组织需要建立深度、全面了解创伤的组织架构。

我们很难明确指出一个组织需要做出哪些改变，才能持续、有效地应对创伤问题。下文介绍的“密苏里模式”通过提供选择和路线图，来降低这一改变进程的难度。将进程进行分解并确定主要的改善指标，可以帮助各类社会组织和社区找到解决棘手的社会问题所需的更深入、更系统的变革途径。

创伤科学的启示

创伤科学与复原力（resilience）研究的主体有交叉，后者通常被定义为从不幸事件中恢复或者适应变化的一种能力。从预防的角度来说，创伤经历是各种负面后果所涵盖的风险因素，而“复原力”是指对抗逆境影响的内部力量和外部环境的支持。过去几十年，创伤预防研究中最一致的发现就是：外部环境的支持或保护因素可以缓和创伤和逆境的影响，比如关怀、高期望和有意义的参与机会。举例来说，大多数来自经济或社会地位低的家庭或社区的儿童、青年都能克服这些风险因素，健康成长。[1] 许多公共服务领域的从业者都试图找到一种平衡：既接受创伤经历的负面影响，也认可人的复原力和成长的积极能力。

这一新的创伤和复原力的交叉视角使人们认识到，一些社会服务的失败在一定程度上可能归咎于对社会问题的误读，进而导致无效甚至适得其反的干预措施。一些新的解决方案随之浮现。例如，流行病学家加里·斯拉金（Gary Slutkin）认为，暴力行为往往是当事人过去经历暴力的结果，而非个人的失败，暴力被重新定义为公共卫生领域的“传染病”。

自 1998 年童年负面经历研究以来，社会对创伤性事件的认知以及相关领域的研究取得了长足进步。此前，公众的注意力主要集中在退伍军人的创伤后应激障碍(post-traumatic stress disorder，下简称 PTSD) 上[2]，其次是儿童和妇女被虐待施暴的影响问题。ACE 研究引导专业人士和公众关注 10 起发生在儿童时期的与家庭相关的不良事件的影响。[3] 自那以后，包括灾害、社会暴力、种族歧视和贫穷等各种事件和环境造成的心理伤害问题日益受到关注。

随着对心理负面经历认知的加深，辨别不同经历所造成影响深浅的需求也随之涌现：哪种经历会产生持久心理影响，哪种则仅仅是一时的压力？虽然没有一个公认的对于心理创伤的定义，但目前最广为接受的是联邦药物滥用和精神卫生服务管理局 (Substance Abuse and Mental Health Services Administration，下简称 SAMHSA) 的说法 :（心理）创伤是由个人经历的一起事件、一系列事件或一系列环境造成的，这些事件或环境因其对人体的正常机能和心理、身体、社会、情感或精神健康持久性的负面影响，而对人的身心有害或者造成重大威胁。

上述定义强调了每个人独有的经历可能导致人体运转能力变化的路径和原因，这与以下研究的结果相契合：无论创伤的来源如何，创伤性事件的生理影响是相似的。而且经历的事件或环境的创伤性越大，对身心健康的恶性影响就越严重。

美国心理协会于 1980 年首次确认 PTSD 是一种可诊断的疾病，此后的早期创伤治疗几乎完全集中在 PTSD 的症状治疗上。20 世纪 90 年代，美国精神卫生管理局资助了一项

© 全景视觉

为期五年的研究，对同时患有精神疾病、药物上瘾以及暴力史的妇女进行治疗干预。在随后的几年中，临床医生开发了一系列经过精心评估的治疗手法，以应对慢性和复杂的创伤所造成的伤害。虽然这些手法对治疗对象确实有所帮助，但如下事实却并未获得有效解决：有创伤史的人日常会接触除精神康复机构之外的各类组织，例如学校、教会、卫生和公共服务机构以及军队等，除非这些组织都对创伤有一定的认知并知道如何应对，否则它们将无法有效地帮助有重大创伤史的个人，反而可能会引发当事人的负面反应，如自我伤害行为、攻击性行为、逃学等，并可能助长暴力和贫困的循环、过度使用精神药物等。心理学家卡莉 · 史密斯（Carly Smith）和珍妮弗 · 弗雷德（Jennifer Freyd）将这一过程称为“制度性背叛”。[4]

临床心理学家玛克辛 · 哈里斯（Maxine Harris）和罗杰 · 法洛特（Roger Fallot）首先使用“创伤知情”(trauma-informed) 一词来描述有效应对有精神健康问题的人群的暴力行为和创伤所需的组织环境。[5] 在后来的 10 年中，这一概念被广泛应用于多个服务部门。与创伤治疗不同，创伤知情模式旨在改变整个组织或环境的文化和操作规范。

按照 SAMHSA 的定义：一个创伤知情型的项目、组织或系统对创伤的广泛性影响和潜在的康复途径有深入的了解，能发现客户、家庭、工作人员和参与系统的其他人员的创伤迹象和症状，能采取应对措施将创伤的相关知识充分纳入政策、程序和实践之中，并努力积极预防二次创伤的发生。

越来越多的证据表明，上述创伤知情型手法能够减少创伤对个人和社会造成的长期影响，已知的推广案例包括创伤知情型的教室、保健诊所、心理健康和成瘾服务、少年司法和儿童福利方案、法院和执法、监狱、宗教团体和工作场所。美国有几个州为整个公共服务系统纳入了创伤知情框架，还有一些地区和市镇将成为创伤知情型社区作为目标。对于创伤知情模式的推崇在情理之中，因为此类模型具有可复制的两个重要特点：它们有可能让服务提供者的工作更简单易行，同时也有助于应对显而易见又亟待解决的问题。[6]

寻找新的解决方案

虽然对创伤知情型组织的综合评估还不多，但研究表明，创伤知情型手法可以提高服务对象的满意度，提升他们的希望和乐观情绪，并减轻创伤症状。创伤知情型手法最著名的实践案例被记录在了电影《纸老虎》（*Paper Tigers*）里①。这部电影以林肯高中为讲述对象。林肯高中是华盛顿州瓦拉瓦拉的一所特殊学校，专为在公立学校中成绩不合格的年轻人开设，他们中的许多人来自低收入家庭。林肯高中学生的童年受创伤程度是全州平均水平的四倍。②从 2009 年开始，该校校长吉姆 · 斯波莱德带领全校开始了一场倡导运动，支持有创伤经历的学生，培养他们在逆境中的复原能力，并同时提高学生的

---

① 《纸老虎》上映于 2015 年。电影记录了美国华盛顿瓦拉瓦拉 (Walla Walla) 社区林肯高中学校生活的一年。来林肯的孩子有逃学、行为问题和滥用药物的历史。校长在接触到关于童年负面经历的影响的研究后，决定从根本上改变学校的管教方式。借助日记式摄影机的镜头，这部电影以 6 名学生为主人公，记录了他们从打架、在生活创伤事件中的挣扎到即将辍学的种种场景。学生在林肯高中找到了治疗、支持和学习的希望。

② 根据 ACE 的测试结果。

学习能力。该倡议的重点是推动教师和工作人员之间，教师、工作人员和学生之间，以及学生之间理解创伤的价值观和行为。学生违纪现象在倡议实施后不久就有所减少，在学率也有所提高。2013—2014 年，研究人员开展了一项研究，以衡量学生的复原力与学业表现之间的关系。研究结果表明：复原力的提高与学业表现（年级和标准化考试分数）有关，还减弱了儿童时期创伤的预期负面影响。

另一个获得全美关注的成功案例来自威斯康星州的美洛米尼（Menominee）印第安人保留区。2009 年，当地部落的一些官员开始意识到部落青年学习成绩差与健康问题的关联性，而两者又都与保留区历史遗留问题所带来的创伤有关。这一历史创伤的源头始于 1860 年启动的政府政策：要求 15 岁以下的儿童只能上禁止部落语言和习俗的寄宿学校。1954 年至 1973 年间，强迫式同化教育继续进行，当时的美国国会剥夺了美洛米尼人的合法身份和权利。这些政策不仅使得部落饱受伤害，也削弱了通常作为保护因素的传统家庭和社会结构。政府保健和社会服务方案“标准化”的推广延续了强迫式同化的恶性模式。

美洛米尼保留区的领导人了解到，频频发生的亲密伴侣暴力、药物滥用和虐童事件都与部落特性和文化的丧失有关。这些官员采取了一系列措施，让部落人了解一个世纪以来历史创伤的影响，同时将基于创伤知情的实践行动纳入到保健、教育和社会服务之中。

美洛米尼部落将创伤界定为一个社区问题，而不是某一个人或家庭的问题，同时肯定部落传统文化习俗在创伤知情的干预措施中所发挥的关键作用。例如，美洛米尼文化认为怀孕是神圣的，保障妇女和婴儿的安全和健康是一种值得骄傲的生活方式。部落现在向高中生传授美洛米尼祖先的传统美德（智慧、爱、尊重、勇敢、诚实、谦卑和真理），并向女孩提供符合部落文化习惯的生殖健康服务。美洛米尼部落还开展了以反药物滥用为主题的各类文化活动。2008 年至 2013 年期间，该部落 15 至 17 岁未成年女性年生育数从 20 胎降至 5 胎以下；高中生的药物滥用率也有了下降，大麻使用率下降了 30%，吸烟率下降了 49%，饮酒率下降了 64%；而该部落的高中毕业率从 60% 上升到近 99%。[7]

此类案例研究表明了创伤知情型解决方案的效果。然而，将其作为系统变革战略的有效部分还存在巨大阻碍。虽然许多业内领袖强调整合以及系统变革的重要性，但心理学家凯瑟琳 · 贝克尔 – 布莱丝（Kathryn Becker-Blease）指出，在实践中，“创伤知情”一词常常被用来形容孤立提供的各种不同类型的服务。[8] 变革努力往往侧重于个人康复，而不是更广泛的组织或政策改革。一个机构只是在其服务列表上增加一名新的创伤临床医生或治疗选择，或是开始向其工作人员提供基本培训，也会自称是“创伤知情”。

对创伤知情手法的一知半解不仅对现状无益，甚至可能导致更糟的情况产生。例如，如果一家机构对于性侵受害者向其陈述的受害经历漠然视之或加以掩盖，受害者就会有更强烈的创伤性症状。[9] 此外，在组织或社区层面实现创伤知情转型在任何领域都不是常态，部分原因可能是执行过程的复杂性。许多组织认为这种规模的变革需要过多的时间投入和资源消耗。

密苏里模式的特点

密苏里模式与大多数创伤知情的组织变革模式一样，在对创伤理解的基础上建立了一套“安全、可信、选择、协作和授权”的原则，并为实践提供了一个新的模板。[11] 然而，与其他系统不同的是，密苏里模式明确地将“创伤知情”的概念界定为主体经历一系列连续阶段的发展进程之后的最终结果。

这一模式源于帕特西 · 卡特（本文作者之一）在密苏里州精神健康部门工作期间监管的一项为期 3 年的创伤知情“早期采用者计划”。5 个社区心理健康中心、1 个州营儿童寄宿中心和青年服务部州办公室参加了这一项目。这些机构接受了密集培训和持续性咨询，并参加年会以交流经验。在 3 年项目结束时，精神健康部召开了一次全州范围的“创伤圆桌会议”。与会者包括该州的创伤知情早期采用者和创伤领域的知名组织。成员们代表了不同的专业（包括但不限于研究、救灾和循证临床实践）和不同的服务系统（包括反家庭暴力、少年司法、儿童福利、药物使用和精神健康）。圆桌会议的目的是确定该领域的需求和重点关注的领域，并制定一项全州范围的变革战略。

当时，创伤知情模式的早期实践者已经遇到了许多问题。他们在语言或定义上没有达成共识，也没有任何依据来评估自称为“创伤知情型”的服务组织。创伤知情的相关培训只是浮于表面，引发二次创伤的错误行为仍然存在。早期实践者还指出，他们圈子里的许多机构对引进这一模式所需做出的改变感到不安，不是所有机构都认为其使命与创伤知情的框架是相容的。圆桌会议得出了一个结论：一个有效的执行系统需要明确界定术语，建立发展框架，强调结构性改革的重要性，为衡量阶段性成果提供指导，并能让参与组织自行决定进展的程度和节奏。圆桌会议在此后两年里制定了密苏里模式，并鼓励密苏里州在所有相关实践中采用这一模式。

密苏里模式将一个组织理解和应对创伤的进程划分为四个阶段，并明确了每个阶段需要完成的主要任务、对进展有益的组织流程、对进展情况做出判断的关键指标和资源的链接（见第 103 页的“密苏里模式”）。这四个阶段之间没有严格排序，也不相互排斥。

大部分机构往往在不同领域处于不同发展阶段，并可能随着时间的推移在不同阶段之间徘徊。虽然一些机构在每个阶段主要任务的实现情况上有快有慢，但许多机构还是认为，将进程理解为一个连续体式的执行过程非常有益，比简单的“知情创伤”与“不知情创伤”的二分法要好很多。

密苏里州堪萨斯城的杜鲁门医疗中心（Truman Medical Center，下简称TMC）是“密苏里模式”的早期采纳者之一。TMC最初阶段的行动侧重于普及对创伤问题的理解和认知，包括提供一个全体工作人员的入门培训方案、举办整个医疗中心的开放日，以及评估临床医护人员应对创伤问题的能力等。随着认识和热情的提高，TMC开始致力于构建制度化的创伤应对深度培训，密切关注创伤知情原则在医疗实践中的引入所产生的影响。这一步骤让医护人员认识到，创伤应对不仅是一项额外的工作，更是一种新的思维方式，这可以让他们的工作更容易，同时也能获得一个更具有支持性的工作环境。到了这个阶段，医疗中心的每个部门都完成了创伤知情的内部组织评估，为如何支持服务对象和医护人员制定了一套单独的目标。

在下一阶段，TMC通过改变服务方式和员工培训的方式，来建立整个机构的创伤反应机制。用户导向服务的改革包括修订“用户失约规定”，提供更多的用户预约提醒服务，并在用户迟到或弄错日期时提供合理的灵活安排，调整当天预约服务的相关规定等。对应医护人员的行动项目包括提高对创伤问题的正面认识，建立应对不当处理的同伴支持系统，在监管体制中引入创伤知情的相关内容等。在这一阶段，医疗中心还对物理环境进行了评估并做了重大修整，以创造一个开放、明亮、空间感十足的环境，同时改进中心内部的标识系统，让用户更容易找到方向。

随着 TMC 逐渐接近机构转型的终点：一个创伤知情型的组织，它开始看到在实际服务成果上可衡量的变化。引入当天预约服务后，用户的失约率有所下降。随着对压力和创伤如何影响大脑功能和感知能力的进一步了解，医疗中心的员工与用户、主管与员工之间体现出更高程度的信任和理解。创伤患者获得以循证为基础的健康治疗的机会有所增加，TMC 处理更严重的精神健康症状和行为的能力也有所改善。几年之内，该医疗中心成为堪萨斯城公认的创伤领域领袖机构，并帮助发起了全市范围内的协作计划，还成立了创伤知情型创新国家中心。虽然医疗中心仍有很长的路要走，但对于它所服务的人群及工作人员来说，变化已然可喜。杜鲁门医疗中心为创伤知情的组织变革提供了一个强有力的商业案例。

另一个通过密苏里模式指导自我评估和监测的案例来自圣路易斯。该市的 22 所学校参加了一个创伤知情学习协作项目（trauma-informed learning collaborative，下简称 TILC 项目）。该项目旨在培养教师和后勤人员的领导力，由一个名为“活力健康圣路易斯”（Alive and Well STL）的当地倡导项目牵头。TILC 项目采用密苏里模式向教师和学校介绍应对创伤的实践做法，从三天的强化培训开始，此后每月举行互动网络研讨会和季度面对面会议。专业顾问还进行实地访问，协助学校解决各自面临的问题。

TILC 项目在最初阶段采用了“活力健康圣路易斯”所开发的评估工具，帮助学校确定重点工作领域，并建立一个监测进程的机制。该工具是以密苏里模式为基础的。每个学校的实施计划和程序都不同，包括建立一个创伤应对委员会，重点关注压力意识和自我护理，反思社区损失，为教室配备感官工具包帮助学生管理情绪，创建冥想家长群，为学生开辟感官体察和平复情绪的专用空间，在课堂上实施冥想练习，为在教学时间有

密苏里模式

机构在理解和应对创伤的过程中需要面对四个阶段。

发展阶段	关键任务	组织进程	指标
创伤意识阶段	意识和态度	■ 意识培训 ■ 领导力支持 ■ 组织思考转型可能产生的影响	■ 员工可以定义何为创伤 ■ 员工理解创伤的影响 ■ 在一些非正式场合对创伤进行讨论
创伤理解阶段	知识、应用与技能发展	■ 对创伤知情价值观的探索 ■ 组织自我评价 ■ 确定进行转型的决心 ■ 组建变革团队 ■ 考察服务对象所承担的角色 ■ 探讨创伤筛查和治疗方案	■ 在组织使命中加入对创伤的陈述 ■ 全体员工培训，员工和客户都可以获得有关创伤的信息 ■ 员工拓展并深化创伤应对的相关技能 ■ 管理层对员工的二次创伤做出反应
创伤反应阶段	变革与整合	■ 变革的规划与行动 ■ 环境审查和调整 ■ 审查所有政策和流程 ■ 建立员工支持系统 ■ 发展新项目和新服务	■ 从员工实践中反映出新的认知 ■ 从语言中反映出价值观 ■ 处理员工创伤的政策到位 ■ 对创伤进行识别和反应的流程到位 ■ 客户在组织中担当有意义的角色
创伤知情阶段	领导力与可持续性	■ 衡量对客户和员工的影响 ■ 修订政策和流程 ■ 更大规模社区的参与 ■ 发展整合创伤信息的决策框架 ■ 在服务购买方和政策决定方之间的倡导	■ 聘用新领导者，担负起对于创伤应对的责任 ■ 所有员工都熟知创伤知情性实践 ■ 机构各方面都折射出创伤知情性价值观 ■ 审查项目可持续性的程序到位 ■ 外部机构和社区成员寻求相关协助

需要的教师开辟员工休息室等。

TILC 项目在整个过程中采用了多种评价策略。总体而言，参与学校在创伤知情呵护成果量表（attitudes related to trauma-informed care，下简称 ARTIC）所有 7 个分量表上的表现都有所提高。ARTIC 量表是一种经心理计量学验证的，测量创伤知情呵护成果的方法。[12] 来自几所学校的数据还显示，学生的日常纪律处分次数持续减少。在计划实施到 6 个月、12 个月、18 个月和 24 个月的不同阶段，学校使用活力健康圣路易斯开发的评估工具，对每一阶段的关键指标打分。在 6 个月时，学校在“创伤意识阶段”的评分最高，而到项目结束时，学校实现了所有四个阶段项目评分的提高。在过去的 6 个月中，最小的变化（15%）发生在“创伤意识阶段”，最大的变化（41%）发生在“创伤知情阶段”，这反映了向具备创伤知情能力的更高层次认知过程的转变。

结语：系统层面的根本变革很有必要

上述阶段性发展模式的创伤知情路径凸显了对现有支持系统进行根本改革的必要性。通过这一模式可以看到，创伤知情性变革需要做出长期性的承诺。要对根深蒂固的态度、行为和系统进行改变是一个复杂的过程，远远不止进行员工培训和采用新的治疗模式那么简单。

自愈型社区模式（self-healing communities model，下简称 SHCM）是以华盛顿州十多年的社区建设和社区文化改革为基础的。从社区文化习惯的改变、新知识和技能的获取到对一些固有观念的反思，其结果是社区群体保健成果的显著改善。SHCM 由四个阶段组成：领导力扩展阶段、聚焦阶段、学习阶段和成果。SHCM 模式与密苏里模式非常相似，允许有时间进行反思和问询，并强调政策、实践和日常互动领域的有意识的转变。

密苏里模式在它的发源地已经显示出对于跨部门合作的促进作用，这对于应对复杂的社会问题至关重要。密苏里模式通过建立一个共同的语言和概念框架，支持地方学校系统、社区心理健康中心和卫生保健提供者之间的新型伙伴关系。通过将传统意义上独立工作的团体和部门聚集在一起，构成了广泛性的公共卫生反应的基础。在政策层面，密苏里模式为制定创伤知情型的政策指南提供了一个模板。2019 年年初，一份将密苏里模式翻译成学校教育语言的指导文件得以发布。上文所述的圆桌会议还制定了《密苏里州抗逆境、缓和创伤影响综合性公共卫生办法》，以减轻创伤的影响，通过实施减少创伤风险和影响的普遍战略，协助社区解决系统性问题。

美国其他一些州也已经采用了密苏里模式。威斯康星州将其重新命名为威斯康星模式（Wisconsin model），并添加了威斯康星州特有的资源，作为全州范围内的规划指南。俄勒冈州和特拉华州也基本全盘套用了这种模式。俄亥俄州反家暴网络采用该模式为其服务创建了一个创伤知情的“路线图”，伊利诺伊州正在将其应用于公共卫生系统。全美各地的组织也把这一模式作为一个模板，洛杉矶县将其作为建立创伤知情型社区的一个关键工具。

新兴的创伤科学为建立更有效的服务系统、解决长期以来的老大难社会问题提供了新希望。为了释放创伤知情模式的潜力，我们必须明确界定术语并衡量影响，同时挖掘、审视和应对现状中起着反作用的更大的社会性和结构性力量。如果我们不去识别和对抗这些力量，它们将不可避免地颠覆善意的努力。以阶段性发展模式来实现创伤知情变革并不能百发百中，但它提出了为建立有效应对创伤的服务系统和社区所需要回答的难题。

注释

1 Bonnie Bernard, *Resiliency: What We Have Learned*, San Francisco: WestEd, 2004, www.wested.org/online_pubs/resiliency/resiliency.intro.pdf.

2 Jonathan Purtle, "The Legislative Response to PTSD in the United States (1989–2009): A Content Analysis," *Journal of Traumatic Stress* vol. 27, no. 5, 2014.

3 The 10 adverse childhood event categories measured in this study were physical abuse, sexual abuse, emotional abuse, physical neglect, emotional neglect, domestic violence, incarceration of a family member, divorce, mental illness in the family, and substance abuse in the family.

4 Carly P. Smith and Jennifer J. Freyd, "Institutional Betrayal," *American Psychologist* vol. 69, no. 6, 2014.

5 Maxine Harris and Roger D. Fallot, eds., *Using Trauma Theory to Design Service Systems*, New Directions for Mental Health Services, San Francisco: Jossey-Bass, 2001.

6 Atul Gawande, "Slow Ideas," *New Yorker*, July 29, 2013.

7 Data from Menominee Tribal Health Clinic.

8 Kathryn A. Becker-Blease, "As the World Becomes Trauma-Informed, Work to Do," *Journal of Trauma and Dissociation* vol. 18, no. 2, 2017.

9 Carly P. Smith and Jennifer J. Freyd, "Dangerous Safe Havens: Institutional Betrayal Exacerbates Sexual Trauma," *Journal of Traumatic Stress* vol. 26, no. 1, 2013.

10 Briana L. Loomis, Kenneth Epstein, Emily F. Dauria, and Lynn Dolce, "Implementing a Trauma-informed Public Health System in San Francisco, California," *Health Education and Behavior*, October 18, 2018, https://doi.org/10.1177/1090198118806942.

11 Vivian B. Brown, Maxine Harris, and Roger Fallot, "Moving Toward Trauma-Informed Practice in Addiction Treatment: A Collaborative Model of Agency Assessment," *Journal of Psychoactive Drugs*, vol. 45, no. 5, 2013.

12 Courtney M. Baker et al., "Development and Psychometric Evaluation of the Attitudes Related to Trauma-Informed Care (ARTIC) Scale," *School Mental Health*, vol. 8, no. 1, 2016.

帕特西 · 卡特（Patsy Carter）

密苏里大学医学院儿童福祉中心临床心理学家和主任。

安德里 · 布兰科（Andrea Blanch）

创伤知情政策和实践运动联合主席，社会心理学家、独立咨询顾问。

点评

点评人：杨婉秋

世界正进入一个前所未有的危机频发时期，各类灾难事件、公共危机事件威胁着人类的生存和发展。创伤科学为理解和应对危机、处理棘手的社会问题开辟了新的渠道。两位作者的这篇《密苏里模式：应对创伤的系统性变革新视角》梳理了不同领域对创伤理解的演化发展，提出从系统论的视角去讨论创伤与复原，更重要的是阐述了创伤干预的公共卫生策略“创伤知情”模型。

“创伤知情”模型强调有效应对创伤所需的组织环境，涉及改变整个组织或环境的文化和操作规范，即那些有助于提升心理复原力的政策、措施和环境的组织，能够减少创伤对个人和社会造成的长期影响。近十年来，我国因地震、矿难、山体滑坡、空难等重大灾难频频引发公共危机事件，灾后心理危机干预及心理创伤的复原已然成为中国精神医学、公共卫生领域的研究热点。此外，社会经济的发展、多元文化的冲击也带来诸多社会问题，如留守/流动儿童、留守老人和失独家庭等特殊群体普遍的心理创伤带来的社会风险，迫切需要行之有效的方法来解决这些棘手的社会问题。

我个人认为，从社会创新的意义上讲，“创伤知情”模型为解决我国心理性社会问题提供了具体策略的启发，尤其在社会心理服务体系建设方面。心理问题是全球性的社会问题，正如舍勒所言，现代社会的基本心理特征是怨恨。现代社会的个体化、流动性、职业竞争压力、传统人际纽带的解体以及身份认同的危机造成了焦虑的一代又一代，并且情况越来越严重。这一点已经引起中国政府的高度警觉和重视，十九大报告就提出“加强社会心理服务体系建设，其核心目的是解决社会宏观层面的心理建设问题”。这是一种全新的表述。而这篇文章提出的“创伤知情”模型似乎特别适用于我国政治、文化背景——我国的体制可保证该模式科学、高效推行，充分利用宏观调控、系统资源的联动，应对社会危机事件。

在有中国特色的诸多社会问题中，备受关注的是农村留守儿童问题。留守儿童易经历忽视、虐待等创伤事件，这导致其遭受心理与行为的异常、辍学、暴力倾向、抑郁、自杀和违法犯罪等的风险增加。2015年6月9日，贵州毕节四个留守儿童自杀身亡；2017年除夕夜，云南一名15岁的留守儿童自杀。这些悲剧令人震惊。为了解决留守儿童的生存、发展问题，要从国家层面不断要求各级政府、家庭、学校、社会共同关爱农村留守儿童，构建留守儿童社会心理服务体系。首先，要从国家政策层面和行动上进行干预。国务院下发系列文件，提出加强农村留守儿童工作的要求，民政部对部内儿童工作职能进行调整，增设未成年人（留守儿童）保护处、设置未保专干。其次，对留守儿童生活的社会场域进行干预。建立学校、家庭、社区和班主任、家长、监护人、社区工作人员的伙伴协作关系，明确分工、监管到位，为留守儿童提供保护性和支持性的环境，这些环境支持或保护因素，可以缓解创伤和逆境的影响。对留守儿童的社会心理干预体系正体现了“创伤知情”模型对创伤的预警和介入，即对有利于创伤复原的政策、做法和环境的组织进行干预，能够减少创伤对个人和社会造成的长期影响。

这篇文章中的“创伤知情”模型强调个体、群体在面对创伤时的自组织过程，以及周遭环境的改变、多组织机构的合作、政策的变革等系统的改变，不仅是一种创新的知识性思路，也可以让我们理解如何在更广阔的文化语境中去讨论创伤的产生、维持、发展、恶化或复原，从而为我国“社会心理服务体系”建设提供了一个具体的干预策略的样本，为新兴的创伤科学建设更有效的服务系统提供了新的视角。

杨婉秋

云南大学精神病与精神卫生学博士、副教授。

从三方皆好到七方皆好：日本后增长时代的利益相关者经济

作者：菲利普·苏盖
译者：黄伟鸿

欢迎来到后增长时代

2019年7月17日，国际货币基金组织（IMF）公布了对全球经济的评估，并在评估中明确指出：发达经济体不再被认为能够创造持久的高增长。[1]但问题在于，大多数经济和商业模式并不是基于这个新现实而建立的。正如汉斯·罗斯林（Hans Rosling）在《事实》（*Factfulness*，2018）一书中所言，经济体系的建立是为了帮助人们摆脱极端贫困，或他所描述的从“第一级”（最低级，即每天的生活费只有2美元左右）跨越三个递进阶段，最终达到每天32美元生活费的较高生活水平，即“第四级”。[2]联合国制定的17项可持续发展目标(SDGs)，正是旨在帮助罗斯林所说的处于第一至第三级的人们达到第四级生活水平。

这的确是我们这个时代所面临的决定性挑战，但当我们最终能够实现这些目标时又会怎样呢？是否会有比第四级更高的第五级目标？

新的增长动能

1970 年，米尔顿·弗里德曼（Milton Friedman）在《纽约时报》上发表了一个著名的假设，即企业的根本目的是赢利。

> 在自由企业、私有财产制度下，企业高管是企业所有者的雇员。他们对雇主负有直接责任。这种责任是遵照雇主的愿望来经营企业，而雇主的愿望通常是在遵守

社会基本规则（包括法律规则和道德习俗规则）的前提下尽可能多赚钱。

这些思想在西方商业实践中得到认可，西方也迎来了一段较长的增长期。但这种增长是以牺牲其他重要利益相关者的利益为代价的。20年前，戴维·温伯格(David Weinberger)和他的合著者在《线车宣言》① 一书中发表了审视企业的另一种视角：企业及其股东不再是唯一的掌权者，其他利益相关者也有了一席之地，"我们不仅仅是数字，也不仅仅是最终用户或消费者。我们的势力范围超出了你们的掌控。你们看着办吧"。

随之而来的是，公众对企业的信任度下降了。爱德曼（Edelman）公司在2017年发布的调查显示，2002年6月，只有40%处于第四级生活水平的消费者认为企业会做"正确的事"；到了2017年，人们的立场变得更为激进，57%的全球受访者表示，他们会"因为一个品牌在某社会问题上的立场而购买或抵制该品牌"。[3] 面对这一现实，全球58%的首席执行官表示，他们"越来越担心人们对自家品牌的信任度下降"。[4] 埃森哲在2018年提交给达沃斯论坛的调查报告称，54%的公司"遭受公众信任度的大幅下降，保守估计损失了1800亿美元的收入"。[5] 这一戏剧性的转变在福莱公司（Fleishman Hillard Fishburn）2019年的调查中更令人大跌眼镜：有多达93%的千禧一代"希望购买那些有高尚宗旨、以可持续发展和环保为理念的公司的产品"[6]。

---

① 《线车宣言：互联网的95条军规》(*The Cluetrain Manifest*)介绍了互联网的"95条军规"，阐明了以"对话交流"为本的商业原则，本书中文版2010年由中国青年出版社出版。原书作者分别是里克·列文、克里斯托弗·洛克、戴维·瑟尔斯和戴维·温伯格。

为了加快企业向顾及更多利益相关者的方向转型，吉尔伯特、胡拉汉和卡索伊于2006年成立了一个叫“共益实验室”（B Lab）的认证机构，掀起了一场共益企业认证运动。目前，已有来自全球50个国家和地区的2500多家企业通过了这种认证。在共益企业框架下，企业在法律上有义务为股东以外的其他主要利益相关者创造价值，这些利益相关者不仅包括客户，还包括员工、合作伙伴、社会和地球。[7]

2019年8月19日的“商业圆桌会议”①宣布了“股东优先”时代的终结，正式将非共益企业中其他利益相关者的角色提升到与股东同等的地位。

> 对我们（企业）而言，每个利益相关者都至关重要。我们承诺为所有利益相关者创造价值，促进企业、社区和国家的未来成功。[8]

有180多位首席执行官签署了这份新声明。对此商界似乎颇为震惊，直到两天后，共益企业运动的领袖们发表了一份泼冷水式的挑战书，要求这些CEO“要么行动要么闭嘴”，必须让这些承诺具有法律约束力。[9]这份声明的点睛之笔是共益企业的领袖们在8月25日《纽约时报》上刊登的整版广告，鞭策“商业圆桌会议”的CEO们“采取行动”。

共益企业的领袖们呼吁的“行动”正是价值创造，而价值创造适用于“商业圆桌会议”

---

① “商业圆桌会议”（Business Roundtable）成立于1972年，聚集了一大批包括亚马逊、苹果、波音、通用汽车等公司在内的美国最具影响力的企业领袖。从1997年起，“商业圆桌会议”发布的每份关于公司治理原则的声明文件都赞同“股东至上”的原则，即公司的首要任务就是让股东受益，并实现利润最大化。

宣言所强调的所有利益相关者。这些利益相关者包括：（1）客户；（2）股东；（3）员工；（4）合作伙伴；（5）社区与社会；（6）环保；（7）位于中心做出决策的企业 / 公司。在本文其余部分，我把他们称为“七类价值创造相关者”，因为他们在体验价值和实现更高价值方面是彼此独立的。

与财务增长数据不同，当我们将关注重点从衡量财务价值转移到个人、群体和社会

价值数据

来自所有价值创造相关者。

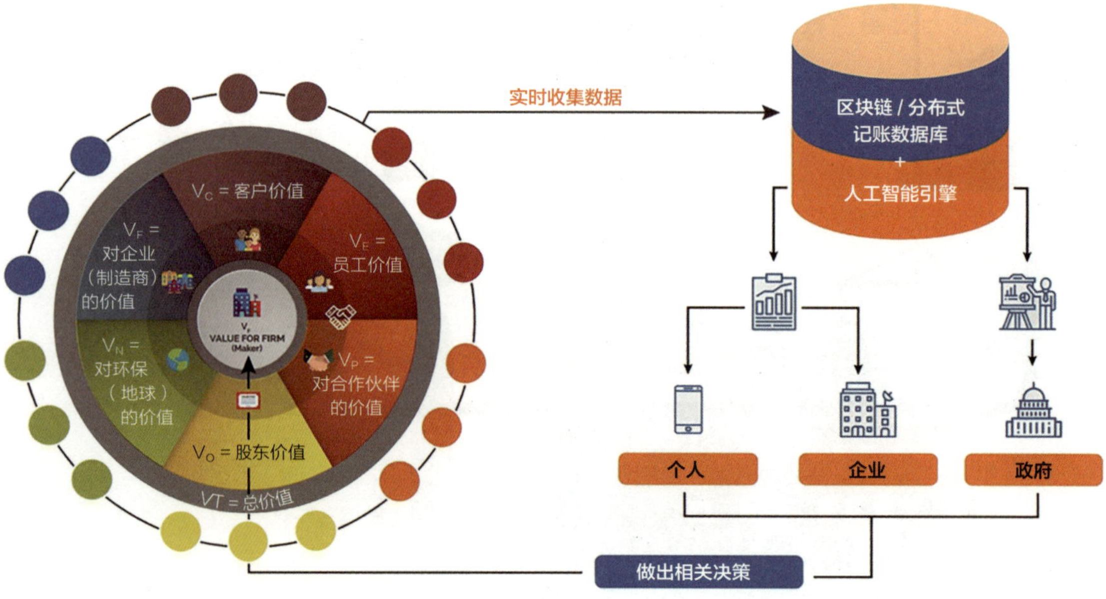

的幸福指数时，后者的衡量数值可以成倍增长。瓦尔戈和卢施在“服务主导逻辑”中强调了亚里士多德所指出的交换价值与使用价值之间的关键区别。他们解释道，财务和经济价值主要用来交换，使得价值成为一种可以量化衡量的交易现象。而使用价值是我们在使用产品、服务或与企业互动时所获得的（非常难以衡量）情感价值。使用价值涵盖一系列价值观念，涉及满意度、满足感和愉悦度等概念。当产品或服务令我们赞叹不已时，使用价值可能高得激动人心；反之，如果产品或服务令人失望，则使用价值可能低得令人不敢相信。[10]

如果我们回过头来看看目前全球范围内正在推行的多项努力，从全球报告倡议（GRI）到整合报告（Integrated Reporting）、人力和社会资本（Human and Social Capital）评估，再到可持续发展目标和共益企业，显然，世界上许多一流公司和决策者正在推动自己及其组织超越“实现第四级”的思维局限，而将目标放在实现“第五级”层面，非财务价值衡量指标的新价值上。

“三方皆好”：日本企业的社会责任基因

如今西方正处于这一思想转变之中，然而这一演变实际上早在 17 世纪就已经在日本出现，其影响如此深远，以至于当今仍在不断产生可持续价值创造的有力案例。

日本近江商人的历史可追溯到 13 世纪。到了 17 世纪，近江商人从他们在如今的滋贺县的基地出发，开拓了跨越边境纵横交错的贸易路线。近江商人把“边做生意边行善”作为他们的信条，并将这种信条概括为“三方皆好”（Sanpo Yoshi），具体包括：

- Urite Yoshi（売り手よし）= 对卖方有好处
- Kaite Yoshi（買い手よし）= 对买方有好处
- Seken Yoshi（世間よし）= 对社会有好处

与其他商人群体不同的是，近江商人在践行社会责任方面达到前所未有的高度，赢得了真正的信任和敬佩。他们在日常经商的同时还为当地神社募集捐款、资助学校或当地教育设施的建设，甚至还为贸易路线上无力承担税负的居民支付地方税。凭借这种怀有社会意识的经商方式，近江商人逐渐成为日本最富有、最有名的商人群体之一（Moriguchi，2001）。[11]

事实证明，这种理念在建立长期信任方面是行之有效的。“三方皆好”成为包括欧姆龙、松下和卫材制药在内的日本跨国龙头企业的使命宣言和商业理念的核心，也就不足为奇了。尽管日本人口只占世界总人口的不到 2%，但是全球超过 200 年以上历史的企业有 56% 都在日本，这从侧面反映出这些理念在实践中的威力。将价值创造作为企业的核心理念不仅有助于带来长期的成功，还能帮助企业内部成员找到更崇高的工作目标。这些不是泛美之谈或者空洞的承诺。例如，松下的创始人松下幸之助在 1977 年提出关于企业宗旨的观点。

> 所有管理者都必须不断地拷问自己：“为什么这家公司有必要存在？”对于所有提供商品和服务的企业，答案都应该是：企业的存在是为了造福人民，改善社会。

管理者如果认识不到这个根本的经营目的，就永远不会取得真正的成功。

有些人认为，企业的全部目的是赢利。尽管利润是企业必不可少的一部分，但那不是唯一的部分。利润只是实现最终目标（提高人民生活水平）的重要手段。

松下幸之助的这些关于公司宗旨的观点今天看起来非常有先见之明，尤其是因为这些话几乎是在米尔顿 · 弗里德曼提出“股东优先”理念的同时写成的。

随着全球对以价值创造为中心的企业领导和治理方式的呼声日益高涨，“三方皆好”哲学对日本价值创造的数百年影响已经催生了许多独特的案例，验证了七类价值创造相关者中的每一类如何应用这些原则，同时实现盈利和可持续发展。我们在大阪大学国际公共政策研究科国际学术论坛研究中心 (IAFOR-OSIPP Research Center) 的创新和价值计划(Innovation and Value Initiative)之下启动的主要项目之一，就是收集和整理这些案例。

迈向“七方皆好”

在七类价值创造相关者中，有关企业和股东的文章有很多，因此本文重点关注其余五类价值创造相关者，即客户、社区与社会、环保、合作伙伴和员工。

客户价值

谈起日本如何重视非财务价值的创造，首先得从客户的角度说起，毕竟日本的“服务理念”是基于企业与客户的关系而构建起来的。在日语词典中，客户不是“老板”或“国王”，而是“神”。这不是一句虚情假意的口号，也不是华丽的品牌推广话术，而是真诚、深切地将客户作为地位更高、更权威的服务对象来对待。没有了买卖双方平等的幌子，日本公司就可以将所有的精力都集中在寻找取悦客户的新方法上，针对每个客户接触点开发并推出无穷无尽的创新产品和服务。正如约翰逊和野中郁次郎在1996年所说的那样：

> 一旦卖方放弃了与买方平等的主张，一种新的心态就会自然地浮现：买方会感到更加满意，更愿意将权利让与卖方，并让通常掌握更多知识和信息的卖方引导相关抉择……卖方可以担当顾问的角色，放下身段，真正地为客户服务。当客户意识到他们即将获得真正的帮助，而不仅仅是愉快和虚假的友谊……客户也会更加宽容。[12]

这种心态是日本商业实践的核心思想，有无数的案例可以说明如何专注于以全新的、从未想象过的、善解人意的方式来解决人们在现实中的问题，让客户赞叹、惊喜，从而创造客户价值。

客户价值创造并不局限于特定的市场或行业，也不局限于B2B（企业对企业）或B2C（企业对客户）模式，而是可以发生在产品或服务交换的任何地方。譬如，为了扭转销售量大幅下降的颓势，筑水农机（Canycom）的第三代总裁包行均给公司的销售人员配备了摄像机。当销售人员去参观客户的农场时，客户带他们去看筑水农机的机器无法行驶的急转弯处，或者弯下腰让他们看筑水农机设备无法在其底下驶过的低垂水果，以此解释他们面临的实际问题。正如包行均所说：“通过拜访客户，我们意识到许多以前不知道的事情。”他们意识到的其中

一件事是，农民认为割草是他们必须得做的事情，但又觉得割草非常无聊、极为无趣。[13] 包行均问他的团队："如果我们可以制造一种可以坐在上面巡航的割草机，那会怎么样呢？"筑水的明星产品由此诞生：受超级马里奥启发的小型单座割草机。这是筑水农机以及整个行业最受欢迎的产品之一。[14]

"如果你只是处理客户的投诉，他们不会有惊喜。如果你生产他们想要的东西，他们就会说'是的，那正是我想要的'。因此，为客户提供一些额外的东西很重要。要用各种方式增加趣味性。你需要想出创造性的方法来将你的想法付诸实践。看看如何以崭新的方式使用某些东西。"[15]

创造客户价值的关键在于致力于以令人赞叹的方式解决实际问题，让客户能够实现以前无法实现的新目标。为此，全心全意的投入是必不可少的。

社区与社会价值

当骊住（LIXIL）的首席公共事务和人事官金·蒙特萨诺（Jin Montesano）加入该公司时，骊住仍难以说清公司的定位和真正的使命或宗旨。当时，公司被一系列令人困惑的使命、愿景、价值观、核心理念和其他宗旨宣言压得喘不过气来。她和她的团队决定与各个部门和职级的经理及员工一起召开研讨会与聆听会议，以敲定更有意义、能体现骊住核心使命的宗旨宣言。

他们发起由松下幸之助发明的灵魂拷问，自问为什么骊住要经营现有的业务，为什么骊住要成为管理美标（American Standard）、高仪（Grohe）、伊奈（INAX）和通世泰（TOSTEM）等知名品牌的公司？除了通过并购壮大自身，这家公司还有更崇高的存

SATO 系列产品 - SATO V 型连接系统于 2017 年为印度市场设计

在理由吗？最终，骊住找到了一个简单又有力的企业宗旨："骊住通过提供优质的产品和服务，让每个地方每个人的美好家园梦想成为现实。"当骊住把公司宗旨对标联合国可持续发展目标（SDGs）时，公司顺理成章地决定要积极致力于应对关于安全卫生的全球挑战（可持续发展目标 6）。通过获得发展奖的企业旗下的 SATO 社会创业项目，骊住现在正致力于服务当今世界上仍无法获得基本个人卫生设施的 16 亿人。世界上三分之一的人口不能连接供水管网，缺乏基本厕所设施，为了实现让人人都能获得更好的住房条件的崇高目标，骊住必须针对这些人的需求生产出合适的产品。

2007 年，美标公司的两名工程师从盖茨基金会获得了一笔小额赠款，用于开发一种符合联合国基本卫生标准、经济实惠、脱离供水管网的厕所解决方案。全球有超过 10 亿人露天排便，而且大部分是在没有下水道系统的农村地区，由此造成的负面的经济、健康和社会影响是巨大的，尤其是对儿童的影响。当厕所解决方案能够将人类与人类排泄物隔开，并且价格便宜到可以安装在最贫困的社区中时，基本的卫生条件就能实现。

在业内同行中，骊住似乎是唯一一家将可持续发展目标 6 作为努力方向的公司，为日收入 2 美元以下的人口推出了一系列富有创意、价格便宜的厕所产品和解决方案。正如骊住的首席执行官濑户欣哉经常说的那样："我们为价值5000美元的厕所产品感到自豪，但令我们感到更加自豪的是我们价值 5 美元的厕所，因为我们帮助许多家庭获得了第一个真正的家用卫生间。"

社会价值的创造取决于将更大的社会问题与现代企业的整体能力和资源结合起来。

无论一家企业是选择像骊住这样追求一个可持续发展目标，还是专注于通过经营活动改善当地社区，由此创造的社会价值将给个人、社区带来不可估量的好处。

环保价值

2005 年，当巴塔哥尼亚（Patagonia）需要寻找一个合作伙伴来帮助回收聚酯服装时，它求助于日本一家领先的化工公司——帝人（Teijin）。它们共同开发了“生态圈”（Eco Circle）聚酯产品，凡是巴塔哥尼亚门店回收的聚酯类旧衣物都会被送往帝人，经过一个独特的化学处理过程，使聚酯纤维恢复为原来的化学形态。这种再生聚酯与新生产的聚酯没有什么区别，因此可以在未来的产品生产中重复使用，而不必被送往垃圾填埋场或被焚烧。即使算上所有运输成本，最终结果也表明，这些巴塔哥尼亚产品的总碳足迹显著减少[16]。

如果你觉得像帝人这样的化学公司为环保做贡献似乎有点难以想象，那么不妨再来看一下日本的另一家毛巾制造商，这会有助于你了解那些在对自然环境影响最大的行业中的公司是如何努力减少或消除这些影响的。棉花不仅是化学成分最密集的农作物之一，而且洗涤、染色和制造过程还需要使用刺激性化学物质和大量的能源。但是日本的一家公司不仅找到了制造高档有机棉毛巾的方法，而且制作过程对环境几乎不产生影响。

池内有机公司是毛巾行业中第一家在 1999 年通过 ISO 14001（环境管理体系）认证的公司。同年，它对染料进行改良，使用这种染料对织物染色，其环境影响甚至比使用天然染料更低。2001 年，池内获得了 Okeo-Tex 的一级认证，这意味着它产品中的所有物质均 100% 对生态无害。2002 年，池内成为日本第一家 100% 以风电作为能源的公司。

2004 年，为了寻找更环保的替代材料，它推出了一种竹制人造丝毛巾，这种毛巾是用竹纤维而不是有机棉制成的。它还支持有机棉的全球公平贸易采购，并于 2011 年推出了自己的有机棉品牌 Nouveau Organic。由于有机种植材料是池内经营理念和方法的核心，它甚至在 2014 年将原来的公司名称从池内毛巾改为池内有机。时至今日，在如何系统性地实现环保可持续、为其他主要利益相关者创造价值方面，池内仍然是日本公司的榜样。

虽然只有极少的商业活动能对环境保护产生正面影响，但要追求“第五级”目标，企业需要理解自然资本是一种重要资源，并制定措施使其整体运营的环境影响尽可能接近于零。

合作伙伴价值

对于一家以创造价值为核心的企业，理解其在包括供应商在内的广大合作伙伴价值体系中所扮演的角色也很关键。凭着这种对合作的理解和尊重，日本一些最古老的公司不仅持续生存下来，而且世世代代兴旺发达。例如，拥有 330 年历史的西阵织（日本国宝级传统纺织品）公司细尾（HOSOO）。面对整个和服市场规模从 20 世纪 80 年代初期的巅峰萎缩 80% 以上的情况，该公司第 11 代总裁细尾真生反思公司在由纱线制造商、纺纱厂、染色厂等组成的大生态系统中的位置，将公司重新打造成一家具有全球竞争力的高端面料制造商。为此，他首先需要淘汰公司的旧式织布机。这些织布机生产的布料尺寸太小，在国际市场上没有竞争力。他还与日本顶级“匠人”合作，开发出了前所未有的超大型织布机，用于大规模生产西阵织面料。通过这些努力，细尾如今成为唯一一家能够与香奈儿、路易威登等顶级国际客户合作的西阵织公司。细尾还通过运用人工智能技术进行创新，使用蚕的基因工程技术，在西阵织1000多年的历史积累上进行现代化改造，创造出令人惊叹的新面料，吸引了最前沿的艺术家、设计师和品牌，在为客户、公司和员工创造了新价值的同时，也为之前衰败的合作伙伴网络注入了新的生命和活力。

细尾的供应商中有一家公司的老板曾考虑关闭他的家庭作坊，因为难以跟上迅速变化的行业技术要求。当他与细尾谈起此事时，细尾意识到有必要投资这家公司的设施，并留住其核心员工。细尾最后直接收购了这家公司，并任命其前总裁为生产主管。今天，细尾正在对被并购的公司进行再投资，并从当地雇用新的工匠。细尾真生表示："这一决定要出成果，还有很长的路要走，但我相信这个险值得冒。"

正如细尾真生的儿子细尾真孝（即将成为第12代总裁）所说：

> 我们在制作面料时使用不同材质、颜色和特征的纺线，这种混杂在编织过程中必不可少。在生产过程中，我们的工作是将所有这些元素整合成制成品。日语中有一个词叫kumu，意思是将不同的元素整合在一起。作为一家纺织企业，我们知道上游的许多生产环节是由匠人和专家在超出我们自身能力的领域中进行管理的，而这些环节对我们最终的成品至关重要。没有它们就不会有面料。我们处在这条长长的产业链的末端，因此有责任利用上游专家提供给我们的材料生产出最好的产品，并为这些产品寻找新的市场和机会，以保持整个系统的良性运转。

这种共同创造合作伙伴价值的承诺使得细尾与一些世界顶级品牌、艺术家、设计师甚至科技公司结成了合作伙伴。它与松下公司合作，共同开发音频扬声器，上面的织物能够对触摸做出响应，通过手的滑动即可实现打开和关闭，无须使用开关或应用程序。

企业以负责任的姿态，通过经营活动帮助所有合作伙伴实现蓬勃发展，不仅为合作伙伴创造新的价值，而且还能使企业基业长青、世代相传。

员工价值

当企业将重点目标从利润转移到“人”时，企业对待员工的态度和方式也会发生根本性的变化。筑水农机发现，对客户价值的重视让公司所有员工都产生了强烈的自豪感和成就感，因为他们可以看到自己的工作能为农民解决问题，对农民产生积极影响。骊住的 SATO 项目将员工自豪感列为其向社会企业转型所产生的三大积极影响之一。池内有机则将此写进了公司经营宣言中。

> 池内有机的根本是人类的力量。我们的产品是由人创造的。他们是我们的合作伙伴，从种植有机棉花的农民到工厂的工人……从工人的汗水到零售人员的微笑，这些都是我们产品的一部分。[17]

甚至像松下这样的大型跨国公司也一直在努力推动更加敬业的员工队伍，并赋予他们新的技能和能力，帮助他们在未来取得成功。2016 年，松下电器公司推出了“变革者加速器”项目，其宗旨是鼓励员工开发下一代家用电器，并将多达 20% 的带薪工作时间投入该项目。譬如，锻冶茉里奈和松尾彩佳开发了“家务锻炼带”。这是一种围裙状的腰带，当佩戴者做家务时，它可以提供锻炼和运动指导。尽管当时她们入职还不到两年，但通过这个项目，两位发明者有机会在 2019 年东京 SLUSH 全球创投大会上展示她们的创意。变革者加速器的项目主管表示，参与这个项目有助于培养同理心、创造力和领导力，而这些正是未来领袖的核心素质。[18]

对于那些尚未建立员工赋能计划的企业，前麦肯锡顾问、跨界（Cross Fields）的联合创始人兼首席执行官小沼大地和他的团队开发了一项服务，让它们到发展中国家发挥自己的技能，帮助催生新的社会创新。NTT DoCoMo 创新管理高级经理理笹原裕子表示:“我们通常在总部工作，很难有机会与客户见面和互动。我们往往只关注收入，因此这对我们来说是一个重要的项目。它把我们带到外面的世界，让我们能感知周遭的世界正在发生什么。”尽管跨界最初专注于拓宽年轻职员的视野和能力，但它最近开发了针对企业高管的实地学习项目。“当与那些五六十岁的高管共事之后，我发现他们的眼睛里发着光，他们的亲身经历让他们看清了需要改变的社会问题。他们还对一同参加项目的年轻人留下了深刻印象。他们热泪盈眶地发表感想，思考着自己到底想做什么，或者从现在开始应该做什么，以及如何运用自己的力量去做。”小沼大地说。[19]

注重价值创造的企业对员工价值的重视超越了职位、工种、性别或年龄，通过培养员工，帮助他们在特定的工作技能以及个人层面上获得成长。

在此需要指出的是，“不惜一切代价获取利润”的日本公司仍然存在。尽管有一些日本公司选择重视员工价值，但遗憾的是，还有许多日本公司没有这样做。正因为如此，当今的新闻头条中仍然充斥着关于日本职员不敬业、性别不平等、权力骚扰、过劳的报道。在这些方面，许多日本公司仍有很大的改善空间。

如何评估价值相关者的真实体验？

关于如何在“第五级”层面上为七类相关者创造价值的案例还有许多，以上的小型案例研究仅仅是其中的几个。尽管如此，我们仍然缺少一个以可验证的，透明的，可跨公司、行业和国家进行比较的方式，来收集和整理各类非财务价值体验的系统或框架。例如，池内有机以通过公平贸易采购有机棉花而自豪。然而，抛开它做出的承诺不谈，我们如何才能真正确保它使用的棉花是有机的，种植和收集棉花的农民确实获得了合理的工资？如果我们想将池内与其他毛巾公司进行比较，如何衡量它们在整体价值影响方面的差异？

为了说明这一点，我们以默克公司（Merck）为例。这是一家总部位于美国的制药公司。如果我们只看它网站的“企业责任”部分，它对社会责任的承诺似乎是坚定不移的。

> 我们公司的使命是发现、开发和提供能够挽救和改善生命的创新产品和服务，而企业责任是这一使命的核心。企业责任强调了我们致力于培养和奖励员工、保护环境并以最高的道德和透明度标准运营。[20]

如果把这一宣言与关于该公司的一些新闻公告比对，我们将发现另一种现实。例如，2019 年 9 月 11 日，路透社就报道了默克公司是如何隐瞒其畅销的脱发治疗药物保法止（Propecia）的副作用的。[21]

为此，我们有必要建立一个可信、透明、实时和可验证的机制，来收集、记录和报告这七类价值相关者的真实体验。创建这样一个完整系统需要两项基本技术，其中之一就是区块链，或者叫大规模分布式记账技术（DLT）。正如埃森哲在其2019年5月的一篇文章中所说："从食品安全到防伪，从合乎道德的制造到循环经济，有很多领域可以利用该技术解决制造商、种植者、供应商、零售商和客户的一些痛点。"由于上述用于衡量、监控和报告价值的系统每分钟会生成数十亿个数据点，因此分布式记账或区块链解决方案必须与人工智能引擎配合使用，这种引擎将实时筛选生成的数TB（百万兆字节）的信息，以便根据为每类价值相关者设定的目标验证、计量和报告所创造和销毁的总价值。[22]

事实上，这种系统的原型如今已经存在。区块链和分布式记账技术已经被用于验证产品和个人的可信度，比如中国的社会信用认证和IBM（国际商业机器公司）为全球钻石行业建立的成品来源追踪系统。此外，关于人工智能在实时大数据中的应用，Arabesque的S-Ray数据库使用人工智能引擎来筛选每天发表的关于世界顶级公司的无数文章，以生成实时的ESG（环境、社会和治理）分数。

"通过机器学习和大数据，Arabesque S-Ray®系统地将200多个ESG指标与来自170多个国家和地区的30000多个新闻源结合起来……Arabesque S-Ray是下一代透明度窗口，能够帮助所有利益相关者为更可持续的未来做出更好的决策。"[23]

开发这样一个系统的下一个步骤是将分布式记账技术与关注所有七类价值创造相关者的人工智能引擎结合起来。在这样一个系统中，不仅企业会报告它所创造的价值，企业的客户、员工、合作伙伴、社区成员乃至地球（通过远程智能尘埃和传感器收集的数据）也会报告他们获得的价值。这些数据将被收集、整理并向所有人开放，以便人们在需要决定是否购买某家公司的产品或接受该公司的工作邀请时能实时访问相关数据。

展望未来

随着全球发达经济体整体经济增长放缓，我们需要一种关于长期可持续发展的新思想，来推动非财务价值指标的持续增长。实施这种“新思想”的关键也许一点也不新鲜，它实际上是基于一种具有300年历史的社会企业理念，这种理念代表着日本无数历经几代的可持续企业的核心力量。

然而，并非所有日本公司都遵循这一基本理念。事实上，许多企业优先考虑肆无忌惮的增长，而非以价值为中心的经营方式。那些信奉纯粹以利润为中心的理念的日本公司有必要停下脚步，重新评估和思考“三方皆好”原则是否也能成为它们获得长期成功的关键武器。建立在这些原则基础上的许多公司如今仍在成功地经营着。随着增长持续放缓，企业和政府的领导人必须做出选择，是为了昙花一现的增长制造新问题和危机，还是采用以价值为中心、能够在非财务指标上释放前所未有的价值增长的思维模式。

要实现为所有七类相关者增加价值的转型，我们需要就如何衡量每类价值相关者获得的价值以及价值如何成为企业、行业乃至国家未来竞争的基础，制定正式的标准和规则。无论这个标准框架最终由谁来制定，追求第五级目标的特点都将是：（1）明确承诺为所有七类相关者创造价值；（2）实时收集和报告所创造和破坏的价值；（3）公开传播这些信息，以便生态系统中的所有成员都能做出知情的决定。这些信息将成为做出购买、投资、就业、合作和监管决策的基础，而成功将依赖于共同创造更多的价值，从而改善价值体系内所有成员的整体福祉。这是任何追求第五级目标的个人、企业或政府面临的挑战，很可能会重塑我们后代衡量和管理个人成长和社会经济增长的基础。

注释

1 https://www.imf.org/en/Publications/WEO/Issues/2019/07/18/WEOupdateJuly2019.

2 Rosling, H., Rosling, O., & Ronnlund, A. R. (2018). Original: Factfulness.

3 https://www.edelman.com/news-awards/2004-edelman-trust-barometer-release.

4 https://www.weforum.org/agenda/2017/01/4-concerns-that-keep-ceos-awake-at-night/ .

5 https://www.accenture.com/_acnmedia/thought-leadership-assets/pdf/accenture-competitive-agility-index.pdf.

6 https://www.accenture.com/_acnmedia/thought-leadership-assets/pdf/accenture-competitive-agility-index.pdf.

7 https://bcorporation.net/faq-item/how-many-certified-b-corps-are-there-around-world.

8 https://opportunity.businessroundtable.org/ourcommitment/.

9 https://www.fastcompany.com/90393303/dont-believe-the-business-roundtable-has-changed-until-its-ceos-actions-match-their-words.

10 Vargo, S. L., and Lusch, R. F. (2004). 'Evolving to a New Dominant Logic for Marketing', *Journal of Marketing,* 68(1), 1-17.

11 https://www.japantimes.co.jp/community/2001/10/30/events/forum-holds-up-omi-feudal-merchants-as-models-of-corporate-responsibility/#.XZE8MEYzZPY.

12 Johansson, J. K., & Nonaka, I. (1996). *Relentless: The Japanese way of marketing.* HarperBusiness, pp. 17.

13 https://www3.nhk.or.jp/nhkworld/en/ondemand/video/2058399/ (7:22 – 8:14).

14 https://www3.nhk.or.jp/nhkworld/en/ondemand/video/2058399/ (10:42 – 10:52).

15 https://www3.nhk.or.jp/nhkworld/en/ondemand/video/2058399/ (12:00 – 12:24).

16 https://www.japanfs.org/en/news/archives/news_id026153.html.

17 https://www.ikeuchi.org/about-us/en/concept/.

18 https://gccatapult.panasonic.com/en/stories/story09.php.

19 https://www.channelnewsasia.com/news/video-on-demand/champions-for-change/linkage-cross-fields-11155206, 37:30 – 38:40.

20 https://www.merck.com/about/corporate-responsibility/home.html.

21 https://www.reuters.com/investigates/special-report/usa-courts-secrecy-propecia/.

22 https://www.accenture.com/il-en/insights/consumer-goods-services/track-trace-blockchain.

23 https://arabesque.com/s-ray/.

菲利普·苏盖（Philip Sugai）

同志社大学商学院市场学教授、大阪大学国际公共政策研究科之国际学术论坛研究中心高级研究员，著有《价值计划》（*The Value Plan*）（即将出版）和《移动商务的六大永恒法则》（*The Six Immutable Laws of Mobile Business*）（约翰威利国际出版公司）。

网络彩虹行动[1]

由正义女神基金会（Astrarea Lesbian Foundation for Justice）于2014年发起的传播实验室项目（CommsLabs Program）综合了原住民民族文化知识、网络技术和疗愈实践，为下一代性少数平权运动助力。

从1977年至今，正义女神基金会已经将其慈善资助项目和服务从女同性恋扩展到酷儿女性、跨性别女性、性别中立者和间性人群体[2]，共计资助了101个国家和地区的1900个组织，资助总额超过4000万美元。

传播实验室项目就是其能力建设项目之一。该项目将地区议题倡导者与培训师、技术人员、疗愈者等通过几天的区域或全国性培训深度连接起来，为该地区的一线行动者提供各种技术性支持。

正义女神基金会组织关于该地区LGBTQI（性少数群体）人群的密集调研，子议题包括本地的倡导行动、治理意识、网络技术趋势、电子数据安全需要和人群生活总体体

---

① 原文选自 *Stanford Social Innovation Review*, Summer 2019 Issue，原标题为 Queer Activism Goes Online，原作者为肯娅·兰金（Kenrya Rankin），她是一位获奖作家、记者和咨询师，亦是彩虹在线（Colorlines）的主管编辑。她与阿奇巴·所罗门（Akiba Solomon）合著的新书名为 *How We Fight White Supremacy: A Field Guide to Black Resistance*.

② 酷儿女性（queer woman）指认同自己既不完全属于男性也不完全属于女性的人，是一种非二元的性别身份；跨性别女性（transgender women）指生理性别为男性但认同自己是女性的跨性别者，又称男跨女；性别中立者（gender neutral）认为在二元性别框架下，男女界限逐渐模糊，呈中间状态；间性人群体（intersex people）是一种生理状况，可能在染色体、激素、内外生殖器、第二性征等诸多方面不同于标准男性或女性的特征，间性状况可能在出生时即被发现，也可能随着身体发育才逐渐明显。

ASYL
I DATA
MAKE FUFU NOT WAR
I DO NOT CONSENT TO THE SEARCH OF THIS DEVICE.
SERVAL RECLAIM YOUR PHONE
Tor
TorProject.org
HOWEVER I DRESS, WHEREVER I GO, YES MEANS YES AND NO MEANS NO
fight sexism!
As long as there is MASS SURVEILLANCE There can be no FREE AND SECURE INTERNET for anyone anywhere
INTERNET FREEDOM
online CENSORSHIP
defend human

验等。利用调研数据，8 至 10 家当地组织者和技术人员通力合作，为受邀参与者量身制定日程和会议目标，从而让参与者为自身社群开发工具和策略。

但工作还未结束，在该会议之后，正义女神基金会将继续促进传播实验室的所有参与者之间的深度连接，并为受助人下一轮项目的各自运行提供相应的技术支持。其最终目标是能搭建一个全球范围内维护 LGBTQI 权益的包括行动者和技术人员在内的网络。

项目成果也十分显著。首次在哥伦比亚举办的会议中，35 名参与者利用开源线上软件制作了安全记录中美洲侵害性少数群体权益的事件的数据库。2016 年南非德班会议上，35 名参与者开发了一个可以即时上传视频的系统，以保留侵权事件的证据。2015 年肯尼亚会议的会后反馈数据显示，100% 的参与者认为内容与他们的工作有关系，96% 的人认为会议达成了他们的组织目标或个人目标，还有 96% 的人认为会议内容提升了自身的技术能力和知识。

正义女神基金会认为，传播实验室项目的规模化意味着动态的有机循环，该项目逐渐成为连接各个机构的结缔组织，“只有这样，人们才能深化合作、更新调研，我们保持资助，然后周而复始”。

公众参与

爆料失败的国际援助项目

地点：非洲

难题：

大型国际援助机构向非洲地区倾囊援助的项目不一定奏效：无人拨打的性暴力举报热线，被遗弃在田地里、承诺带来农业就业的拖拉机，本应提升卫生条件的公厕却无法连接洁水和污水系统，等等。在众多原因当中，捐助方与受益方之间的权力失衡是最主要的。尽管捐助方花大力气评估反馈，但受益人往往被排除在过程之外，他们也无法决定接受哪个援助。

解决方案：

曾在加纳任维和部队志愿者的 DiCampo 发起了“What Went Wrong?”倡议。这是一个由记者自发形成的网络组织，致力于揭露非洲地区失败的国际援助项目。它首先在本地广播电台发布广告。民众提交消息后会收到一份调查问卷，从而帮助记者们核查真实性。确认该项目失败后，相关组织会收到通知，告知其参与援助的项目呈失灵状态。

成果：

2018 年的 6 个月间，“What Went Wrong?”在肯尼亚通过短信和社交媒体共收集了 142 份援助失败项目报告。

未来挑战：

证实项目失败是一回事，从援助机构取得回应则是另外一回事。与此同时，维护上报系统也价格不菲。这为“What Went Wrong?”的扩张带来挑战。

技术

用区块链为无家可归者提供身份证明

地点：印度

难题：

在美国得克萨斯州的奥斯汀市，每天或有超过两千人露宿街头。无家可归者在没有身份证件的情况下，难以获得医疗、住房等各项服务。另外，各项身份证明留存在各个不同的信息系统之中，很难协同。如果无家可归者已经丢失了一切自证文件，那么这些系统也很难站在个人角度让其获取信息。

解决方案：

在彭博 (Bloomberg) 慈善的资助下，奥斯汀市和得州大学无家可归问题的专家们合作，开展了一项采用区块链技术管理无家可归者信息的尝试。在这个叫作 MyPass 的项目中，各个机构将个人信息上传至区块链，无论是市政部门、社会服务还是本人都可自行接入信息端口。

成果：

区块链曾帮助难民解决身份自证困境，其初始目标是减少烦琐的逻辑证明链条。除了奥斯汀市的市政部门运用了区块链技术，还有一个位于纽约市的初创公司 Blockchain for Change 已经在研发区块链作为电子身份证，从而为住房不稳定群体提供身份保障。

未来挑战：

MyPass 在处理各个服务供应商信息无缝对接上还有待进一步提高，此外还存在被犯罪分子滥用的风险。

环境

拯救北极冰盖的阿波罗计划

地点：北极

难题：

冰地融化是阻止气候变化的攻坚难题。如果没有海洋冰，海洋将吸收更多的热量，从而加速新生冰的消融，造成恶性循环。据气候学家估计，北极冰盖的消失将使全球气温升高三分之一或四分之一。

解决方案：

莱斯利 · 费尔德（Leslie Field）博士创建了一家名为Ice911的机构。经过数十年的研究，费尔德博士和其团队提出了一个大胆方案：向北极冰面的关键区域——如格陵兰岛东侧一条狭长的冰流通道——播撒细沙一般的“二氧化硅玻璃微珠”覆盖冰面，从而让微珠反射更多热量，放缓冰融化速度，延长冰盖在北极的留存时间，达到保住北冰洋的冰盖、最终稳定全球气温的目的。

成果：

据Ice911称，这种二氧化硅玻璃微珠已经通过生物毒性试验，对地区内鸟类与鱼类的典型样本无害。Ice911团队通过改造农业播种机和机动雪橇，已经在美国最北城市、位于北极圈内的阿拉斯加州巴罗市进行了测试。

未来挑战：

虽然Ice911的研究成果已经被同行评价为“有效且重要”，但是仍有不少科研人员对此表示观望和怀疑。用新兴科技抵消气候变化的负面影响不仅存在风险，而且对环境的人为操纵容易引发道德困境，此外在冰面播撒微珠所留下的碳足迹同样让人担忧。从资金与合规上来讲，像Ice911这样大规模改变地质的工程需要全球多个相关方积极介入。

本栏目源自 *Stanford Social Innovation Review*, Summer 2019 Issue What’s Next 栏目。
包括下列文章：
A Moonshot to Restore，作者艾登·史蒂夫曼（Eden Stiffman）
When Aid Fails，作者阿比盖尔·希金斯（Abigail Higgins）
Fail-Safe Keeping of Personal Records，作者莎拉·拜尔德（Sarah Baird）

合作社模式是打破传统信贷壁垒的新途径[①]

贷款行业的不公平现象仍然很难被打破，但美国新墨西哥州的一个小额贷款项目创造了一个替代性解决方案——合作社资本（The Co-Op Capital）。这是一个由聚焦企业家精神的集合影响力组织 City Alive 发起，由努森达信用社（Nusenda Credit Union）和美国凯洛格基金会（W.K.Kellogg Foundation）、Albuquerque 社区基金会及一些当地社区组织合力运行的项目。该项目致力于发展以人际关系网络为基础、社群为借贷圈层、超越传统精英化的信贷模式，为低收入和边缘化社区的企业主提供了他们所需的小额信贷资金。

合作社资本将放贷决定从传统的金融机构转移到了非营利组织、社区团体或教育机构。这种方法拓展了获取资本的途径，因为不需要再依赖惯常使用的“品质（character）、能力（capacity）、资本（capital）、抵押品（collateral）和条件（condition）”5C 信用特征。

传统借贷对有色人种、欠发达社群十分不友好，因文化背景、持有资产和历史资本记录等而产生的偏见会增多，从而加剧了信贷壁垒。为了保证借贷成功，合作社资本应用三个标准来完成整个贷款流程：（1）筛选合适的社区机构；（2）建立金融知识，搭建有效借贷流程；（3）运用耐心资本、定向捐赠支持等。

该项目实施 7 年，已经向 370 多名借款人提供了超过 675000 美元的低息贷款。利率

---

① 原文选自 *Stanford Social Innovation Review*, Summer 2019 Issue，原标题为 Creating New Pathways to Capital，原作者为罗宾・布鲁里（Robin Brulé）和埃尔文・沃伦（Alvin Warren）。罗宾是大型系统设计师，也是努森达信用社的社群关系副主席；埃尔文是凯洛格基金会的项目官员。

平均在 5% 左右，贷款金额从 400 美元到 2.7 万美元不等，平均每笔略高于 1800 美元。这些贷款的违约率只有 1%，相比之下，行业平均水平为 2%。

目前合作社资本有着重大机会，可以在全美范围内调整和扩大对这一模式的使用，以帮助被传统金融体系排除在外的业主走上繁荣之路。事实证明，合作社资本发挥了规模化作用，弥合了社区组织的深层关系与金融机构的商业专长之间的差距。当涉及解决代际贫穷和种族不平等的循环时，没有任何一个组织、方案或国家能够单独做到这一点。我们希望像这样的创新方法能够在美国各地站稳脚跟，为每个人的成功创造更好的条件。

社会影响力债券面临融资缺口①

作者：玛丽·玛格丽特·弗兰克
斯蒂法诺·鲁米
译者：郭晓旋

PFS 引领了政府购买服务的新时代，但 PFS 的支持者们为这种成功的溢出成本买了单，这使得 PFS 在没有影响力投资和慈善资本参与的情况下难以实现规模化发展。

为成果付费债券（Pay for Success，下简称 PFS）又称社会影响力债券，目前已在全球各地发行。PFS 是一种公私伙伴关系：政府与服务供应商为干预、解决某一社会问题，就干预项目订立合约，由商业投资者为项目提供融资，并获得以履约为前提的投资回报。截至 2019 年 4 月，PFS 已为 139 个启动项目累计融得 4.31 亿美元的投资；截至 2018 年年底，在推进中的项目数量超过 69 个。

但是，在全球 79.2 万亿美元的管理资产总额中，PFS 撬动的资金仅占 0.001%。如果 PFS 不能引起传统投资者更大的兴趣，那么其规模化发展的能力仍将是不尽如人意的。有充分的证据显示，来自传统投资者的 PFS 融资缺口仍将继续存在。

① 原文选自 *Stanford Social Innovation Review*, Summer 2019 Issue，原标题为 Pay for Success Faces a Funding Gap。

PFS 的风险与机会成本

自英国政府于 2010 年首次发行 PFS 以来，这种社会影响力债券就受到全球瞩目——因为昂贵的社会问题可通过商业投资政府外包的干预项目得到解决。在 PFS 项目中，中介机构主要负责管理各方订立的合约。政府与投资者订立项目合约，后者提供项目资金以干预某一社会问题（如青少年累犯问题），而服务供应商（合约另立）则负责提供项目。如果项目通过了独立第三方（合约另立）的考核，最终达到了预设效果，取得了“成功”，那么政府把本金和提前谈好的、以供应商履约为前提的回报支付给投资者；如果项目失败了，政府则无须支付。如此一来，服务供应商的履约风险、PFS 和社会服务干预项目的创新风险从政府转移至投资者，后者由此可能获得经济回报和社会回报。

政府购买服务的决定——不管是直接购买还是通过发行 PFS——体现了结果所有权和控制权的分离，即风险承担和决策制定的分离。在传统的政府合约中，政府用税收购买服务，是项目结果的所有者和风险的承担者，但项目的执行权则由服务供应商控制。

相比之下，在 PFS 架构中，投资者提供资金并要求为此获得回报，同时也承担着项目失败的投资和收益风险。PFS 投资者和政府一样不直接控制项目的实施，但却承担项目履约的风险。服务供应商可以使用资金、控制项目，但无须承担履约风险。

风险承担和决策制定的分离带来了两方面的履约风险：一是在任何合约签订之前便存在的逆向选择，这是因为政府或投资者对外包服务的质量了解得不如供应商多，在这种情况下，投资者要么承担风险，要么做好昂贵的尽职调查以降低风险；二是在合约签订之后出现的道德风险，对于服务供应商如何使用资金，投资者知之甚少，前者可能采取次优的做法而无须承担项目失败的后果。

在 PFS 架构中，政府本着为成果付费的原则决定是否偿付投资者而非供应商，因此政府和供应商都不承担履约风险。于是，政府把履约风险转移至投资者，而后者则要求更高的投资回报作为补偿。包括 PFS 在内的所有服务合约都具有履约风险，在传统的社会服务外包情景中，政府是这一风险的承担者，PFS 只不过是把风险的成本摆上台面——投资者因承担风险要求得到补偿。问题在于，政府是否愿意为风险转移付费？

除履约风险外，还有融资创新风险。由于创新成功的可能性难以评估，因此对创新进行投资本身就具有不确定性。PFS 带来的不确定性导致投资者要求更高的投资回报，而希望规避风险的政府官员则要求支付更少的费用。双方面临的不确定性和共有的避险情绪可能会阻碍协议的达成，此时可能就需要依靠慈善资金来填补融资缺口。一些 PFS 支持者对此不予认可，他们认为 PFS 的不断成功会降低不确定性，增加政府对未来合约的投入，吸引更多投资者并减少对慈善资金的依赖。但这一观点忽略了政府面临的政治风险和节约开支的欲望，也忽略了投资者的机会成本。随着项目结果的确定性增加，政府官员投资的意愿可能会更加强烈。但考虑到政府在谈判后续 PFS 合约时的政治压力，这种情况出现的可能性不大。此外，一些 PFS 项目只在第一轮干预过程中带来了一定程度的成本节约，这也将限制政府为维持第一个项目而对后续 PFS 合约的投资。

随着 PFS 模式的完善和成熟，投资风险将会降低，投资者也将接受更低的投资回报。然而，投资者面临的机会成本也可能发生变化，进而影响他们对 PFS 项目投资回报的要求。例如，零风险国债利率的上升会导致投资者要求 PFS 这类风险更高的投资有更高的回报率。2012 年 8 月，当美国启动第一份 PFS 合约时，同期零风险的五年期国债的收益率低于 1%——近 50 年来只有 3 个月的收益率处于这一最低水平。后来这一收益率上升至 2.95%，而过去 50 年的平均收益率达 6.4%。随着零风险利率的上升，有其他投资机会的投资者对有风险但无更高回报的 PFS 投资选项的兴趣将会减少。

规模化发展的资金来源

要吸引商业投资者，使 PFS 实现规模化发展，政府就必须更好地处理 PFS 合约的风险和成本问题。这并非易事。政府最常见的做法是用税收收入直接购买社会服务。这种做法依然无法消除履约风险和干预项目的创新风险，政府仍然是风险的承担者，只是风险的成本无从得知。

要评定投资者承担履约风险的要价，政府可以参考在采用与 PFS 合约相同考核方法的情况下，与服务供应商签订直接合约的履约价格。许多 PFS 支持者要求采用价格昂贵的随机对照实验这一黄金标准，确保投资者——而非政府——承担供应商不履约的风险。

如此一来，投资者便要求高风险高回报。如果不在直接合约中采用同样的履约偿付条件和严格的考核标准，那么政府就得接受不履约的风险，而风险最终由社会承担。PFS 只是对履约风险明码标价，并强迫政府决定是否愿意为降低合约风险付费。

由于慈善资本为尽职调查、监控和考核付费，并作为担保人承担投资人的部分经济损失，因此目前政府为风险转移支付的费用低于实际费用。更多的 PFS 项目将搭建起学习、数据和考核的基础设施，降低承担风险的成本。然而，风险的降低是有限的，因为要想规模化发展，就需要政府更多地参与，需要引进新的干预项目，还需要扩大供应商的范围，这就产生了新的履约和创新风险。因此，政府是否有意愿承担风险或为风险转移付费，将会影响对慈善资本的需求。

尽管面临着这些挑战，毫无疑问，PFS 将从近 80 万亿美元的管理资产总额中分得一杯羹。但问题在于，在投资者有其他投资机会的情况下，PFS 能分到多少？有能力承担更高的金融风险，开展广泛的尽职调查、评估和成本监控的私募股权投资者所期待的投资回报率为 20%~25%。考虑到这些投资者有其他投资机会，未来的 PFS 合约将有可能支持风险较低的社会项目，或者继续寻求慈善和影响力投资界的支持。

影响力投资者寻求扩大社会影响力，愿意投资回报率较低、回报周期较长的项目。他们中有些致力于 PFS 项目的成功，但也有许多人寻求的是社会效益最大化，而不在乎融资工具本身。由于投资回报也是影响力投资者所关注的，因此 PFS 必须努力实现与替代投资工具相当、与风险相对应的投资回报和社会效益。即使 PFS 在这两方面具有一定竞争力，影响力投资的资产规模在全球几十万亿美元的总资产中依然为数不多。

PFS 引领了政府购买服务的新时代，一个利用数据和预防性项目使政府节支、人民生活水平提高和慈善资本循环利用的时代。但是PFS的支持者们为这种成功的溢出成本买了单，使得PFS在没有影响力投资和慈善资本参与的情况下难以实现规模化发展。总而言之，PFS面临着一个艰巨的挑战：能否如其支持者所希望的那样，利用传统投资者所持有的几十万亿美元实现PFS的规模化发展？除非参与者更好地认识到各方所面临的风险，否则我们的答案是否定的。

玛丽·玛格利特·弗兰克（Mary Margaret Frank）

弗吉尼亚大学达顿商学院塞缪尔·刘易斯学院研究员、企业管理助理教授，也是该商学院社会企业研究院的主任。

斯蒂法诺·鲁米（Stefano Rumi）

弗吉尼亚大学PFS实验室的前高级研究员，曾任美国国家住房项目基金会的学术顾问，研究方向是廉租房的社会效益融资。

失败的组织文化易造成性别不平等①

论文名称：《解释性别不平等的持续存在：工作－家庭叙事作为对全天候工作文化的社会防御》

论文作者：艾琳 · 帕达维克、罗宾 ·J. 伊利、埃林 ·M. 瑞德

（Irene Padavic, Robin J. Ely, and Erin M. Reid）

论文概要：为了帮助解决女性员工晋升的问题，一家全球性的专业服务公司联系了美国佛罗里达州立大学社会学教授艾琳 · 帕达维克和其同事做专项研究。然而，该公司却拒绝了该研究的结论并取消了该项目。这反而给研究人员帕达维克和她的合著者更多数据信号，从而做出了进一步调查，并最终对公司持续存在的性别不平等现象，从企业组织文化中“社会防御机制”的角度提出了新的解释。社会防御机制转移了人们对糟糕的企业文化——每周 7 天每天 24 小时连轴工作的注意力，使员工自身（无论男女）远离对长时间工作的家庭成本的痛苦认识，从而将女性工作晋升方面的表现不如男性的原因归结为家庭承诺与工作要求的传统性别冲突。

① 原文选自 *Stanford Social Innovation Review*, Summer 2019 Issue，原标题为 The Roots of Workplace Gender Inequality。论文英文为 Explaining the Persistence of Gender Inequality: The Work-family Narrative as a Social Defense against the 24/7 Work Culture，已发表在 *Administrative Science Quarterly*, 2019 期，pp. 1-51。

公立学校更能战胜分歧，促进社区融合①

论文名称：《地方公民行动有效性的变化：社区与组织的重要纽带》

论文作者：卫斯理 · 朗霍弗、贾科莫 · 尼格罗、彼得 · W. 罗伯茨（Wesley Longhofer, Giacomo Negro, and Peter W. Roberts）

论文概要：美国埃默里大学戈伊苏埃塔商学院的卫斯理 · 朗霍弗、贾科莫 · 尼格罗、彼得 · W. 罗伯茨的研究探讨了种族多样性和经济收入不平衡对当地组织和居民参与社区活动有负面影响。在西方传统中，居民通过教会、兴趣俱乐部或者学校来参与社区活动。教会和兴趣俱乐部会随着社区异质性的增加、文化与宗族多样而分裂。但公立学校的表现则有所不同，面对日益增长的多样性，学校的社区动员效率提高了 4.7%，收入不平等的加剧导致捐款增加了 9.1%。这是由于公立学校的结构本身就要求它们促进年轻人及其家庭之间的定期互动，因为它们在文化、种族和经济上与更大的社区一样多样化，从而能够促进社会参与。

---

① 原文选自 *Stanford Social Innovation Review*, Summer 2019 Issue，原标题为 Coming Together Amid Difference. 论文英文名为 The Changing Effectiveness of Local Civic Action: The Critical Nexus of Community and Organization, 已发表在 *Administrative Science Quarterly*, 2019 期 , pp. 203-229。

绩效体系或影响心理健康①

论文名称：《绩效工资与员工心理健康：使用员工处方药的大样本证据》

论文作者：迈克尔·S. 达尔、拉玛尔·皮尔斯（Michael S. Dahl and Lamar Pierce）

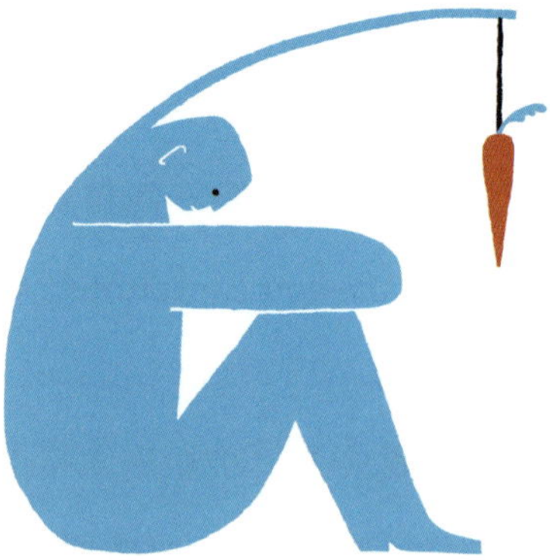

论文概要：许多公司使用绩效工资来激励员工和吸引人才。但是按业绩计薪所带来的压力可能会导致员工遭受精神健康问题的困扰。丹麦奥胡斯大学管理学教授迈克尔·S. 达尔和圣路易斯华盛顿大学奥林商学院的拉玛尔·皮尔斯在其研究中发现，一旦一家公司实施绩效工资（Pay for Performance，P4P）补偿计划，用于治疗抑郁症和焦虑症的药物处方就会增加，最明显的影响发生在年长雇员和业绩低于平均水平的雇员身上。当公司采用绩效工资时，员工个体的平均工资和整体的工资水平均会上升，但薪资的相对不平等会导致竞争失败的感觉，从而给个人带来压力感、焦虑和社会比较效应。

---

① 原文选自 *Stanford Social Innovation Review*, Summer 2019 Issue，原标题为 Pay, Productivity, and Depression。论文英文名 Pay-for-Performance and Employee Mental Health: Large Sample Evidence Using Employee Prescription Drug Usage, 即将发表在 *Academy of Management Discoveries*。

绝不仅仅是模仿：中国式的企业创新①

书评作者：王丹青
译　　者：黄伟鸿

《先驱者、隐形冠军、变革者和追赶者：中国创新企业的经验》

作　　者：马克 · 格里文
　　　　　乔治 · 伊普
　　　　　魏伟
页　　数：216 页
出 版 社：麻省理工学院出版社
出版时间：2019 年

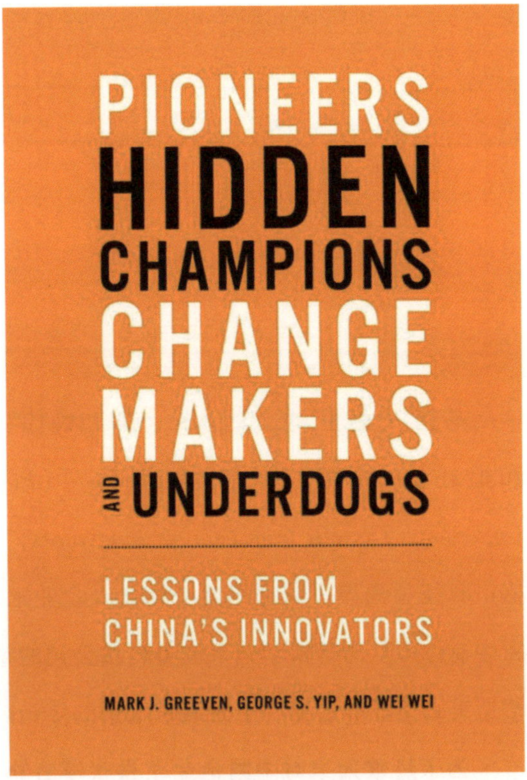

---

① 原文选自 *Stanford Social Innovation Review*, Summer 2019 Issue，原标题为 Not Just Copycats。

一本关于中国企业家的新书全面介绍了中国的创新发展情况，打破了世界对中国创新的刻板印象。

马克·格里文、乔治·伊普和魏伟在他们的新书《先驱者、隐形冠军、变革者和追赶者：中国创新企业的经验》（*Pioneers, Hidden Champions, Changemakers, and Underdogs: Lessons from China's Innovators*，下简称《先驱者》）中宣称：只有硅谷才能盛产科技独角兽、数字颠覆者和名人企业家的时代早已一去不复返。“新一代中国企业家中有许多从海外留学归来创办科技公司的精英企业家，也不乏正在颠覆现有行业格局、塑造英雄企业家形象、不懈追求增长的年轻数字原住民。”

为了打破大家对中国企业家喜欢模仿的刻板印象，《先驱者》的作者们提供了一个另类视角。他们认为中国的创新企业将改变全球创新领域，并建议外国政府、企业和学术界应该多了解他们，而不是一味地抱着“抄袭者在中国盛行，中国企业不会创新，只会剽窃”的成见。

这本书首先探讨了为何创新成了中国的长期刚需。尽管尚在完善的知识产权保护制度抑制了中国的创新发展，但有两个因素为中国本土的创新提供了持续的动力：不断壮大、渴望过上更好生活的中产阶层，以及丰富的地理多样性。后者意味着需要为天南地北的客户量身定制产品和服务。这两个因素不仅推动中国企业进行创新，以抢占不断扩大的全球市场，还产生了四类不同的创新企业，可以满足来自不同社会阶层和不同地区的客户的不同品位和需求。

这些创新企业按照其市场定位（大众市场和细分市场）和市场地位（现有玩家和新来者）分成四类。第一类是“先驱者”，它们是数十年来在中国市场取得巨大成功的大公司，比如跨国电子公司华为和海尔，以及跨国科技公司联想。作者们认为：“与主流观点相反，这些公司自成立以来就意识到创新的重要性。这些先驱者崛起成为市场领导者，因为它们从创业第一天起就具备创新思维。”也就是说，它们早就意识到持续向客户提供创新产品有多么重要，以至于它们往往不采用低成本战略。凭借着先发优势，它们在中国赢得了市场领先地位，还发展出参与全球竞争的独特创新能力。

与这类创新企业相比，“隐形冠军”和“追赶者”则是不太出名的公司，因为它们一直保持低调。隐形冠军是指专业细分市场的领导者，主要从事制造业领域，比如风能、激光设备和医疗技术。它们的“隐形”出于各种各样的原因，比如创始人喜欢低调，公司位于二线甚至三线城市，以及战略性地选择低调。

追赶者是指行动迅速的新兴企业，由在国外接受过教育和培训、掌握尖端技术的精英创业者所创办。它们是相对年轻的小公司，但与老公司相比，它们的发展速度明显更快。

格里文和他的合著者将最后一类创新者称为“变革者”，它们是由国际和国内风险投资家扶持起来的“独角兽”或私营创业公司。它们从事的行业需要直接与终端客户打交道，因此它们非常吸睛，也喜欢寻求关注。“独角兽”指估值超过10亿美元的公司（比如滴滴出行科技有限公司和社交电商平台拼多多），它们颠覆现有市场（比如滴滴出行的打车应用颠覆出租车系统），或者创造新的细分市场（比如共享单车公司摩拜和信用卡金融科技创业公司 51 信用卡）。

在客户差异化需求的驱动下，这四类创新企业发展出不同的能力和竞争优势。然而，这些创新企业共同具有一些鲜明特征，构成了中国独特的创新模式。这本书已经发现了其中一些特征，揭示出中国企业的创新与硅谷企业有何不同。譬如，硅谷公司倾向于开发差异化技术，并提供与现有公司不同的产品来参与竞争；而中国的创新企业则往往采用“扎堆”模式，这是一个集体创新过程，数百家公司在同一个领域展开竞争，直到最终只有少数几家公司生存下来。在这个过程中，集体的努力和智慧为商业模式和技术的优化改进做出了贡献，使最终幸存的公司获得非凡的能力和先进的技术，即便按国际标准来看也是如此。中国创新企业的另一个独特之处是，它们倾向于让强有力的领导人进行集中决策。这与西方基于分散思维和分散决策过程的创新创造理念截然不同。格里文和他的合著者声称，中国市场形势的快速变化和监管不确定性需要企业快速决策，以快速应对变化。因此，权力集中的组织结构和雷厉风行的领导人对于保证创新速度至关重要。

尽管作者们阐述了中国需要创新的原因，但这本书在塑造中国企业家和中国式创新的成因的分析方面存在一些薄弱环节。

首先，隐形冠军和追赶者相对不太出名的原因需要更多的背景分析。这本书推测了几种可能的原因，比如“它们有低调的创始人，不追求过多的媒体曝光度，在地理位置上不显眼，以及战略性地保持隐形”。然而，隐形冠军和追赶者往往从事 B2B 行业，而先驱者和变革者则直接服务于消费者，这是两者在知名度方面的一个显著区别。例如，被归为隐形冠军的海康威视和振华重工，分别从事智能监控摄像头和港口机械领域。相比之下，海尔和联想等先驱者则向个人客户销售家用电器和电子产品。华为的案例更有意思，因为它进入手机行业后，知名度显著提高了。从它们各自从事的行业来看，它们在媒体和公众知名度方面的差异不可一概而论。作者们还提到，保持低调有战略上的好处。但这些好处究竟是什么呢？或者，也许在某些条件下，保持“隐形”的战略好处会有所不同。如果是这样，这些条件是什么？

其次，领导风格和组织结构对创新的影响有些违反直觉。研究发现，赋予员工更多自由和组织参与权的分权组织结构有利于创新。但作者对先驱者的分析却表明，企业需要采用权力集中的领导结构，以便在快速变化和存在不确定性的环境中快速做出决策。

然而，快速决策与创新之间并不总是正相关的。两者的质量取决于诸多因素，比如原创思想的持续提供、思想和批判的自由、组织多样性以及注重长期规划而非短期收益的公司文化。作者们观察到，中国创新企业的一个共同特征是采用扁平的组织结构。然而，他们并没有解释那些决策果断的领导人如何从员工那里获得新的想法，或者他们如何防止自己沉迷于掌权，而这种沉迷可能会威胁企业的成长。

第三个薄弱环节是关于中国企业采用“扎堆式竞争”模式可能会改变现有的竞争理论的论点。如果作者们分析促成这种模式的制度和经济环境，他们的论点可能会更加有说服力。在我看来，知识产权意识淡薄和知识产权保护执法不力可能发挥了关键作用。如果企业意识不到模仿可能会侵犯产权，它们就会倾向于模仿现有的商业模式。因此，随着中国知识产权制度的进一步加强，这种模式在多大程度上仍然奏效是一个值得探讨的问题。

第四点是，需要对 BAT 三巨头（百度、阿里巴巴和腾讯）与独角兽之间的关系进行动态分析，从而追踪创新的长期效益和相关的社会利益。在中国和美国，当中国的BAT和美国的脸书这样的科技巨头收购了所有前景可观的科技创业公司，并垄断了尖端技术和商业模式时，整个社会能否从这种垄断中受益并不断进行创新？如果新兴创新企业的最终成功是以被收购和高财务回报来衡量的，这是否会改变追求创新的终极目的？

最后，这本书在经济和战略上的双重视角忽视了中国的政治环境，毕竟政府极大地影响了企业的创新过程。这本书认为，政府的支持是刺激中国创新的驱动因素之一。然而，关于这四类创新企业如何回应政府的政策倡议、如何受益于政府的支持，还需要更多的研究。

《先驱者》一书揭示了中国企业的现状以及中国企业的创新方式。然而，对于影响中国创新特征和成果的更广泛的经济、社会和政治条件，还需要进行更深入的分析和探讨。

王丹青

香港大学商学院管理与战略系助理教授。